여성
시
읽기의
행복

시인동네 평론선

여성 시 읽기의 행복

공광규 평론집

시인동네

작가의 말

그동안 쓴 여성 시인들의 시평을 정리하여 책으로 내게 되었다.

내가 아는 한 여성 시인들의 시평을 한 권으로 묶은 책은 처음일 것이다.

원고들은 시집 해설과 서평은 물론, 산문과 대담을 보완하여 정리하였다.

이 책은 세 가지 의미를 갖게 되었다.

첫 번째는 현재 생존하고 있는 여성 시인들의 시를 다루었다는 것,

두 번째는 시인의 범위를 원로에서 신인까지 폭넓게 아우르고 있다는 것,

세 번째는 여성 시인의 감성이 시인 자신과 세계를 어떻게 감각하고 있는가를 개별적이고 통합적으로 살필 수 있다는 것이다.

더 눈이 밝은 분이라면 여성문학사나 정신사, 사회사 측면에서도 참조할 것이다.

아마 시의 처음은 대상이나 사건이나 생각에 대한 자기의 감정이나 기억이나 상상의 표출일 것이다.

이것이 시인의 창조적 노력에 의해 잘 표현되고 독자에게 향수될 때, 시인과 독자가 느끼는 재미와 즐거움은 이루 말할 수 없다.

바로 시의 미학적 성취와 향수. 이런 재미와 즐거움이 없다면 시를 누가 쓰고 읽겠는가?

재미와 즐거움은 행복의 다른 말이다.

여성 시인 22명의 감정과 고뇌가 응결된 시를 통해, 그들의 현재적 감정과 기억과 상상 속에서 창의적이고 미학적인 재미와 즐거움에 빠져보기 바란다.

그리고 정서적 궁합이 잘 맞는 여성 시인이 있다면 전작 읽기를 통해 평생 정서적 친구가 되어보기 바란다.

행복은 누가 가져다주지도 않고 돈을 주고 살 수도 없다.

행복을 파는 가게가 세상에 없기 때문이다.

이 책에 소개된 여성 시인들의 시가 잠시나마 행복을 찾아가는 정서적 동반자가 되기를 바란다.

2015년 여름
일산에서 공광규

차 례

작가의 말 • 5

제1부

감상성 극복과 이지적 감성의 어조
　　— 홍윤숙 시집, 『Sunlight In A Distant Place』 • 13
반어와 웃음, 그리고 불교적 상상력 — 유안진 시집, 『둥근 세모꼴』 • 25
여성을 넘어 생명으로, 매력을 넘어 마력으로 — 문정희의 시 • 33
등단 반백년의 창작관과 진술 방법들 — 김윤희 시집, 『오아시스의 거간꾼』 • 48
여행 경험의 대위법적 진술과 입체적 구성
　　— 최금녀 시집, 『길 위에 시간을 묻다』 • 60

제2부

대모적 감성과 발성 — 이승은 시집, 『넬라 판타지아』 • 71
몸과 시간의 변주 — 장순금 시집, 『골방은 하늘과 가깝다』 • 88
낙원 회복과 반문명 정신 — 지순 시집, 『누추한 평화』 • 99
동북아 삼국 제재와 서정의 확장 — 김금용 시집, 『핏줄은 따스하다, 아프다』 • 111
경쾌한 어법과 발랄한 상상의 언술 — 김정인 시집, 『남탕으로 가는 여자』 • 126

제3부

생활 제재의 비극화와 회고적 상상 — 문숙 시집, 『단추』 • 141

아버지를 읽는 방식; 노환에서 묘지까지 — 천수호 시집, 『우울은 허밍』 • 163

욕망의 연쇄적 상상 — 이정란 시집, 『나무의 기억력』 • 173

모성애의 시적 발화 방식 — 진란 시집, 『혼자 노는 숲』 • 185

비극적 가족사와 민족 시원의 회복 의식
   — 김여옥 시집, 『너에게 사로잡히다』 • 192

제4부

인생을 조망하는 원숙한 시선 — 허영숙 시집, 『바코드』 • 203

가정주의 회복과 에로티시즘 — 고경옥 시집, 『안녕, 프로메테우스』 • 215

따뜻한 시선과 서정의 힘 — 성영희 시집, 『섬, 생을 물질하다』 • 227

시조의 미적 갱신과 현재화 — 박명숙·문순자·우은숙·강현덕의 시조 • 237

제1부

감상성 극복과
이지적 감성의
　　어조 —홍윤숙 시집,『Sunlight In A Distant Place』(Foreign Language Publications; The Ohio State University, 2013)

1.

　현재 여성 시단의 좌장인 홍윤숙(1925~) 시인은 1947년《문예신보》에「가을」을 발표하면서 시를 쓰기 시작했다. 당시 설정식 시인의 추천을 받았는데, 직접 만나보지는 못했다고 한다. 설정식은 임화와 김남천의 추천으로 조선공산당에 입당한 공산주의자이며, 나중에 월북하여 북한에서 박헌영 등과 같이 숙청되었다.

　홍윤숙은 1958년 희곡이《조선일보》신춘문예에 당선되는가 하면, 1960년대 최일수·신동엽·장호 등과〈시극동인회〉를 구성하고 활동하였다. 그리고 수필집을 발간하는 등 수필가로서의 면모도 보여주었다. 그렇지만 시와 희곡과 시극 등 다양한 장르를 섭렵한 그의 문학세계에 대한 평가와 연구는 아직 미흡하다.

홍윤숙 시인과 인연이 된 것은, 박재삼 시인과 같이 1986년 월간『동서문학』10월호에 신인으로 나를 뽑아주었기 때문이다. 당시 철없는 대학생이었던 나는 엄두가 안 나기도 하고, 또 문단 법도를 몰라 무례하게도 심사위원들께 감사 편지나 인사를 드리지 못했다. 졸업을 하고 문단에 나와서도 현재 〈한국작가회의〉의 전신인 〈민족문학작가회의〉, 그 〈민족문학작가회의〉 전신인 〈자유실천문인협회〉 외에 다른 단체 문인들과 교류가 없다 보니 더욱 인사를 드릴 기회가 없었다.

그러는 사이에 박재삼 시인은 돌아가셨다. 그리고 시간이 많이 흘러, 2010년 한 문학 행사장에서 홍윤숙 시인이 노환으로 누웠다는 소식을 들었다. 미안하고 죄지은 생각이 들어서 돌아가시기 전에 한 번은 찾아뵈리라 마음을 먹었다.

그러면서도 실행을 못하던 차에『쓸쓸함을 위하여』(문학동네, 2010)라는 선생님의 신간 시집을 보게 되었다. 당시『불교문예』편집주간이었던 나는 청탁서를 편지와 함께 보냈다. 편지에 그간 못 찾아뵌 사정을 구구절절 말씀드리고 곧 찾아뵙겠다고 했다. 선생님은「겨울」이라는 시를 원고지 석 장에 써서 편지와 함께 보내오셨다.

황금빛 은행잎이
아직 온 천지 마을길에 찬란한 날개를
파닥이고 있는 동안은
남은 꿈을 조금만 더 꾸리라
이윽고 황홀한 잔치 끝나고
세상이 온통 잿빛으로 덮일 때

더는 하릴없이 추억의 얼굴들을
캄캄한 터널 속에 깊숙이 밀어넣고
시든 마음도 함께 밀어넣고 봉인을 하리라
봉인된 추억들은 어둠 속에서도
눈부시던 세상을 잊을 수 없어
터널을 온통 금빛으로 칠해놓고
스스로 금이 되어 잠이 들리라
잠이 든 꿈 옆으로
시간이 느리게 느리게 걸어가고
그 옆에서 눈 깜박거리며
언제 깨어날지 모르는 꿈을 지켜보며
목숨 저미며 기다릴 수밖에 없으리라
가끔 버석거리는 가슴 틈새로
어쩌면 연녹색 새순 하나
볼록 돋아날까 오금 조이며
　　　　　　　—「겨울」(『불교문예』, 2010년 겨울호) 전문

　선생님은 원고를 동봉한 편지글에 뜻밖에도 오래전 깊은 추억을 남기고 간 공광덕과는 어떤 관계냐고 물어오셨다. 공광덕은 1967년 동베를린 간첩단 사건과 연루되어 독일에서 살다가 병사한 분인데, 공광덕이 한국의 감옥에 있을 때 선생님이 가톨릭의 대모였다는 것이다. 물론 윤이상 등이 관련되었던 동베를린 사건은 수십 년이 지나서야 박정희 군사정권이 정권 유지를 위해서 과장 조작한 사건으로 밝혀졌다. 그리고 이화여대 음악과 교수를 하던 유부녀(이름은 밝히지 않겠음)

가 아이 둘을 데리고 국가보안법 위반자인 공광덕을 따라 망명을 같이 갔는데, 소식을 아느냐는 것이었다. 나는 동베를린 사건 전말과 독일에서의 삶 전말을 그 부인이 낸 책을 통해서 이미 알고 있었고, 마침 그 부인과는 일산에서 종종 만나 식사를 하고 있었는데, 참으로 이런 인연이 있을까 싶었다. 이 글을 쓰고 있던 날도 저녁 식사 약속을 해놓았다.

생각해보니 홍윤숙 시인을 만나고 싶은 충동은 그전에도 있었다. 지금은 폐간된 『시경』이라는 잡지에 선생님이 인터뷰한 내용을 읽고서 선생님의 남편이 전향된 공산주의자라는 데 호기심을 가졌다. 내가 가장 애호하고 가까이 두는 책 가운데 하나가 마르크스의 『자본』이 아닌가. 나는 구체적 글쓰기의 방법을 『자본』에서 배웠다고 아래와 같이 신문에 고백한 적이 있다.

칼 마르크스의 『자본』(강신준 옮김, 도서출판 길)은 임금노동자의 '성서'다. 상품과 교환, 화폐, 노동, 임금, 잉여가치, 생산, 자본축적 등 자본주의의 경제적 관계를 꼼꼼하게 밝힌 책이다. "노동과 가난의 불일치"가 존재하는 한 여전히 진행 중인 저작이기도 하다. 그러나 읽어내기가 쉽지 않아, 읽다가 다시 돌아가 꼼꼼히 따져 읽어야 하는 수고와 인내가 필요한 책이다.

어느 고전이든 완전히 이해하고, 현실에 바로 적용하기 어려운 것처럼 이 책도 마찬가지다. 그래서 마음에 드는 매혹적 문장이나, 현실에서 필요하거나 의문 나는 부분을 찾아 확인하는 책 읽기를 해도 된다. 20여 년 전『자본』을 처음 집어든 것은 자본주의 현실을 이해해보겠다는 생각과 곳곳에 뿌려진 매력적 문장들 때문이었다.

예컨대 "영국 교회들이 신앙 39개조 가운데 38개조에 대한 공격을 용인할 수 있을지언정 자신의 화폐 수입 39분의 1에 대한 공격은 용인하지 못한다"는 대목은 시사하는 바가 크다. 또 "이 책에 대해 과학적 비판에 근거한 것이라면 어떤 의견도 환영한다. 그러나 내가 한 번도 양보한 적이 없는 이른바 여론이라는 것이 갖는 편견에 대해서는 그냥 내버려두겠다"는 내용도 눈길을 끈다.

『자본』은 그동안 근거 없고 감상적인, 마르크스 식으로 말하면 "값싼 센티멘털리즘"적 글쓰기를 해온 필자에게 새로운 글쓰기 방법을 제시한 책이다. 마르크스는 당대 현실 사례와 선임 연구자들의 결과를 글에 인용하다가 자기의 판단을 과감하게 덧붙이는 방식의 글쓰기를 하고 있다. 더욱 매력적인 것은 고대의 서사시나 셰익스피어, 단테 등의 작품 구절을 적재적소에 인용하고 있다는 것이다.

―「책 읽는 경향」;『자본』(《경향신문》, 2009. 5. 19.)

아무튼 정확한 날짜가 기억나지 않는 2011년 2월 초, 나는 최춘희 시인과 함께 압구정동 대원칸타빌 16층 선생님 댁을 찾아뵈었다. 아파트 문이 열리고 선생님께서 나를 반갑게 맞아주시는 것을 보고, 참으로 내가 무정한 놈이구나 하는 생각이 들었다. 등단 25년 만에 찾아가서 인사를 드린 것이다. 머리가 흰 선생님을 뵙고, 사람이 늙으면 목화를 피우는구나 하고 생각했다.

손님 대접하신다고 찻잔을 찾는데 거동이 불편해 보여서, 내가 직접 나서서 여기저기 찾아보기도 하였다. 차 한 잔 마신 후 홍 선생님은 우리를 아파트 앞 하꼬야라는 일본 국수집으로 데리고 갔다. 저녁을 먹으며 문단과 가족사를 얘기하다 돌아왔다.

2011년 3월 19일에는 노환이 깊은 김규동 시인을 대치동 자택으로 찾아뵈었는데, 그때 홍윤숙 선생님 근황을 말씀드렸다. 그랬더니 김규동 선생님은 "홍 시인과는 나이가 같고 홍 시인의 시는 골기가 있지!"라고 하셨다. 시에 골기가, 정신이 담겨 있다는 것이다. 그러더니 홍윤숙 시인이 월북한 시인들과 잘 어울렸다고 하셨다.

또 두어 달 후인 5월 5일, 점심에 맞추어 최춘희 시인과 같이 홍윤숙 시인을 다시 찾아뵈었다. 선생님은 이제 마음대로 몸이 움직이지 않는 것을 확실히 느낀다고 하셨다. 어깨가 굽고 걸음이 느린 선생님을 모시고 나와 먼저 갔던 하꼬야라는 일본 국수집에서 점심을 먹었다. 선생님은 젓가락을 집는 악력이 부족한지, 손으로 음식을 잡으시기에 내가 대신 젓가락으로 올려주기도 했다. 하꼬야에서 나와 아자부라는 일본 빵집에서 커피와 물고기 모양의 일본 빵을 나누어 먹었다. 과자를 서로 양보하느라 한 조각이 바닥에 떨어졌는데, 선생님은 떨어진 과자 조각을 얼른 집어서 그대로 드시는 거였다. 우리는 더럽다고 버리시라고 했지만, 선생님은 가게 바닥 먼지보다 사람 입이 더 더럽다며 그냥 드셨다.

내가 궁금한 것은 전향한 공산주의자였다는 선생님 남편의 삶이었다. 남편이었던 분은 전향 후에 공산주의자를 전향시키는 일을 했는데, 사람을 죽이거나 다치지 않게 하고 전향이 불가능한 사람은 북으로 넘어가도록 했다고 하였다.

남편과는 해방 직후 좌익 세력이 강한 서울대 사범대에 다닐 때 만났다고 하였다. 선생님은 열 살 때 이혼도 안 하고 첩을 두어서 서른 살 어머니를 평생 가슴 아프게 한 아버지가 미웠다고 했다. 선생님의 남편 또한 어린 시절 어머니가 첩의 집에 다녀오다가 머리를 돌로 짓찧는 것에 충격을 받아, 신체적 물리적 약자인 여성을 억압하던 봉건사회의 모순에 눈을 뜨면서 세계관이 바뀌었다고 하였다.

선생님은 〈조선문학가동맹〉에 갔다가 우연히 가입 원서를 쓴 이야기와, 서울 수복 직후 〈서북청년단〉에 잡혀 있을 때 남편 된 분이 찾으러 왔다는 이야기, 옥인동 순화병원 지하실 사방 다섯 뼘 곱하기 일곱 뼘 크기 방에서 갇혀 있다가 심사하러 나올 때 "목숨을 살려주면 주님의 종이 되겠다"고 알지도 못했던 하느님께 기도하여 살아나서 그 빚으로 가톨릭 신자가 된 이야기를 하셨다. 공산주의자였던 남편은 장면 박사에게 감화를 받아 영세를 받고 가톨릭 신자가 되었다고 하셨다.

2.

지난 2014년 12월 19일 최춘희 시인과 같이 연말 인사를 겸해서 압구정동 홍윤숙 시인 아파트를 오랜만에 찾았다. 당시 읽고 있었던 이규보 시를 번역한 북한 학자 김하명(1922~1994)을 아시냐니까, 총명한 선배였는데 같이 학교를 다녀서 잘 기억한다고 하셨다. 김하명은 서울사범대학을 다니다가 월북해서 김일성종합대학을 졸업한 북한에서는 저명한 원로 학자다.

그리고 오하이오주립대학에서 한글과 영문으로 대역한 시선집 『Sunlight In A Distant Place』를 한 권 주셨다. 한영 대역 시집에 선정된 시는 모두 시인이 스스로 선정한 37편이다. 앞부분부터 「사는 법 1」「사는 법 2」「사는 법 3」「사는 법 4」「사는 법 6」이 순서대로 편집되어 있다. 맨 마지막 시는 「그 소식」이다. 홍윤숙 시인이 신인상 수상

작으로 뽑은 나의 시 5편 가운데 「아름답게 사는 법」이라는 시가 있는데, 어쩌면 '사는 법'이라는 제목의 일치감 때문에 나를 뽑았을지도 모른다는 생각을 했다. 선생님의 시를 살펴보자.

잠자는 법 눈뜨는 법
걸음 걷는 법
하루에 열두 번도 하늘 보는 법
이를 빼고 솜 한 뭉치 틀어막는 법
한 근씩 살 내리며 앓는 법 배워요

눈물의 소금으로 혓바닥 절이며
열 손가락 손톱마다 동침 꽂고 손 흔드는
이별법도 배워요

입술 꼭꼭 깨물며 눈으로 웃고
목구멍 치미는 악 삼키는 법 배워요

가슴 터져나도 천 리(里) 긴 강물 붕대로 감고
하루에 열두 번씩 죽는 법 배워요
—「사는 법 1」 전문

강철의 태양에 살을 지지며
단단한 열매로 최후를 완성하며
끝내 한 덩어리 어둠으로 돌아가는 나무

땅 위에 뿌리박힌 천형(天刑)의 나무는
어찌하여 제 키보다 더 큰 벌을 받고 섰는지

일러다오
바람 부는 벌판에 밤을 지새는
우리들 시대에 알맞은 옷을
단단한 신들메를, 가슴에 독을
어디서나 뿌리박고 집을 짓는
풀잎으로 풀꽃으로 변신하는 법
그늘로 낮은 데로 숨어서 야행하는 포복의 법
198×년 겨울 나는 법

나직이 일러다오
아픔엔 아픔으로 단근질하고
고통엔 고통으로 밥을 먹이고
바람으로 영혼이 크며 앓으며
'아름답게 미쳐서' 새가 되는 법

—「사는 법 3」 전문

「사는 법 1」 1연을 읽어가면서 우리는 명사 '법' 뒤에 대부분 조사를 생략하여 감상성을 철저하게 배제하려는 창작자의 의도를 알 수 있다. 그의 많은 시에서 볼 수 있는 방식이다. 이렇게 여성시가 갖기 쉬운 감상성을 지우려고 노력한 시인이 홍윤숙이며, 이러한 점이 현대시사에서 홍윤숙을 주목하는 이유다.

아울러 그가 사용하는 어휘들도 강렬하다. 이를테면 1연에서 "이를 빼고 솜 한 뭉치 틀어막는 법", "살 내리며 앓는 법"에서부터 2연에 오면 처절하기까지 하다. 이별법을 "눈물의 소금으로 혓바닥 절이며" 배우고, "열 손가락 손톱마다 동침 꽂고 손 흔"들며 배운다고 한다. 3연에서는 입술을 "꼭꼭 깨물며 눈으"로 웃고, 목구멍으로 "치미는 악"을 "삼키는 법"을 배운다고 한다. 4연에서는 죽는 법을 배우는데, "가슴 터져도 천 리 긴 강물 붕대로 감고" 하루에도 열두 번씩 배운다는 것이다. 상처를 감는 붕대를 "천 리 긴 강물"로 비유하고 있다.

「사는 법 1」이 개인 실존의 절대 아픔을 관념으로 나타낸 것이라면, 「사는 법 2」는 시적 자아의 관념을 사회정치성에서 찾아보려는 지향이 보인다. 그의 언어는 처음부터 "강철의 태양에 살을 지"진다는 강렬함으로 시작한다. 이 시에 나오는 어휘들의 강렬함은 극단으로 향하기도 한다. 살을 지지고, 최후를 완성하고, 끝내 어둠으로 돌아가고, 천형의 나무, 큰 벌을 받는다는 등의 어휘의 강렬성은 후배인 문정희나 최승자 시인에게 계승되는 느낌이다.

2연에 오면 단수 화자 '나'가 아닌 복수이자 공동 화자인 '우리들'이 등장한다. 여기서 우리는 이 시의 분위기가 앞의 「사는 법 1」과 다르다는 것을 느낄 수 있다. 시인은 "우리들 시대"를 언명하면서 자신을 개인에 가두지 않고 사회와 공동체에 던져버린다. 시인은 사시사철 밤낮으로 견디며 사는 나무에게 현재 시대에 사람이 사는 법을 일러달라고 호소한다. 나무에 사람의 삶을 개입시키는 것이다.

시인이 "바람 부는 벌판에 밤을 지새는/우리들 시대에 알맞은 옷을"이라고 하는 대목에서 우리는 분명히 이 시가 사회성을 비유하고 있다는 것을 눈치챌 수 있다. 이러한 시대는 "풀잎으로 풀꽃으로 변신하는 법"을 배워야만 살아낼 수 있을 것이다. 때를 기다리며 "그늘로 낮은 데로 숨어서 야행하는 포복의 법"을 터득하면서 살아내는 것이다.

시인은 3연에서 또 나무에게 호소한다. "아픔엔 아픔으로" "고통엔 고통으로" 맞서서 "단근질하고" "밥을 먹이"며 "바람으로 영혼이 크"고 "앓으며" 대응하겠다는 것을. 이것은 호소이며 동시에 다짐이다. 시인은 이런 아픔과 고통의 세계에서 아름답게 미쳐서 새가 되는 법을 나무에게 알려달라고 한다. 호소의 대상인 나무는 시대를 잘 견디는 관념의 상징이며, 호소는 화자를 통해 내비치는 시인의 다짐인 것이다.

나는 습작기에 홍윤숙의 시를 읽었을 것이다. 그리고 등단작 5편 가운데 하나가 「아름답게 사는 법」인데, 홍윤숙의 어조나 어휘와 닮았다. 예술에서 닮음은 자랑이 아니라 죽음이다.

외치지 말 것
산모롱이거나 들판
아니면 강둑 위
꽃으로 피어 있다
가끔 바람이 불어
못 견디겠으면
흔들릴 것

고여 있을 것
똥개 발자국이거나
군용 트럭 바퀴 자국
아니면 하이힐 뒤축 자국

거기 조그맣게 모여 있다
가끔씩 내리는 비
못 견디겠으면
터질 것

두껍고 단단한 땅속
지극히 뜨거운 불로
숨어 있을 것
밟히면 어때
가을바람 지나며
녹슨 눈물 얼려도
시린 손발 옹그려
눌러 참다
마지막 용서를 위하여
봄에
시퍼런 칼 하나
내밀 것

       ―졸시, 「아름답게 사는 법」 전문

 민주화 시위가 많았던 1980년대 중반 쓴, 정치 폭력하에서 함부로 외치지 말고 참고 참으며 숨어 있다가, 엎어버리자는 선동의 시다. 아무튼 나는 이 시가 수록된 첫 시집 『대학일기』(실천문학사, 1987) 때문에 기업에서 해직되는 불운과 시를 계속 쓰게 되는 행운을 얻었다.

반어와 웃음, 그리고 불교적 상상력

— 유안진 시집, 『둥근 세모꼴』 (서정시학, 2011)

1.

이미 시와 수필 『지란지교를 꿈꾸며』로 널리 알려진 유안진 (1941~) 시인은 창작 방법에 있어서 한 가지 범주로 묶을 수 없는 다양한 발성을 보여준다. 그는 대개 오래 시를 쓴 시인들이 갖기 쉬운 태만한 발성에 길들지 않고 시집을 낼 때마다 새로운 방법을 시도한다. 그의 시집 『둥근 세모꼴』에서 보여주는 주요 창작 방식은 반어와 웃음이라고 할 수 있다.

사석에서도 재담으로 좌중을 압도하는 그는 시를 재미있게 구성하여 독자에게 읽는 재미를 선사한다. 시에서 재미는 하나의 큰 미덕이다. 그는 "나는 야생의 시인이다"라고 선언하고 있는데, 구태의연한 발성에 길들여진 시를 쓰지 않겠다는 나름대로의 다짐일 것이다. 야생의 시쓰기 방식을 그는 「시인의 말」에서 고백하고 있다. 이러한 고백은 「시(詩)도 다수결이 아니다」라는 시로 형상된다.

> 예술은 민주주의가 아니다
> 오히려 천상천하유아독존주의(天上天下唯我獨尊主義)다
> 다수결(多數決)은
> 독창성의 적(敵)이라서.
> ―「시(詩)도 다수결이 아니다」 전문

시인이 시로 쓴 시론이다. 대개의 시인들이 쓰는 방식으로 시쓰기를 하지 않겠다는 나름대로의 다짐이다. 그래서 그는 거짓말로 참말을 하고, 부정을 통해 긍정을 말하겠다고 한다. 이러한 방식은 수사법상 반어의 형식이다. 그래서 유안진이 이 시집에서 보여주는 주요 작품들의 표현 방식은 반어법이라고 해도 크게 틀리지 않는다. 반어법은 시문에 나타난 뜻과 그 뒤에 숨어 있는 뜻이 같지 않게 비꼬아서 표현하므로 독자의 지성이 어느 정도 요구된다. 일부러 본래의 뜻과 반대되는 말로 뜻을 강조하기 때문이다. 그러므로 유안진 시를 읽기 위해선 이면에 숨어 있는 것과 표면에 오도된 것의 이중 의미를 알아차리려는 노력이 필요하다. 이를테면 「오만과 편견」이라는 시가 그렇다.

> 불빛 한 점이 마주오고 있다
> 충돌위험에 경고신호를 보내도 막무가내이다
> 무전을 쳤다 "10도 우향하라"

응답이 왔다 "10도 좌향하라"
함장은 다시 쳤다. "나는 대령이다 명령에 따르라"
응답이 또 왔다 "나는 일병이다 지시에 따르라"
기가 찬 함장은 최후통첩을 보냈다
"여긴 군함이다. 명령 무시하면 박살난다"
응답이 다시 왔다
"여긴 고장난 등대다. 지시 무시하면 박살난다"

—「오만과 편견」 전문

읽고 나면 한바탕 웃음이 터지는 이 시는 독자에게 웃음만 주려는 게 아니다. 권력의 오만과 편견을 풍자한다. 그리고 이 이야기는 군대의 계급 관계만 이야기하는 것이 아니다. 한국 사회의 전반을 집약하여 군대 이야기로 보여주는 것이다. 권력의 오만과 편견은 사회를 파국으로 몰고 간다. 여기에 경고를 보내는 것은 민심이다. 최근 중동의 시민혁명, 미국의 '월가 점령'을 필두로 유럽과 한국 등 전 세계에서 경제적 불평등에 대한 저항이 일어나고 있다. 이는 이대로 가다가는 파산할 거라고 민심이 보내는 신호일 것이다. 최근의 서울시장 보궐선거에서 보여준 시민 권력의 승리 역시 이와 같은 선상에 있을 것이다. 그러나 시인이 말하고 싶은 것은 궁극적으로 "시대나 세상이 아니"다. 말하지 않을 수 없어서 말할 뿐이다.

신문이 빈 벤치에 앉아 자꾸 손짓한다

가 앉아 펼쳐드니 은행잎들 떨어져 가린다

읽을 건 계절과 자연이지
시대나 세상이 아니라면서

―「노랑말로 말한다」 전문

정보 홍수에 휩쓸려 사는 도시민들은 신문에 중독되어 있다. 신문은 정치적 선동과 통속적 사건을 전면에 내세운다. 그러나 언론을 곡필하기 일쑤다. 화자는 관습적으로 이러한 신문의 유혹에 이끌린다. 신문을 펼치려고 하는데 은행잎들이 신문에 떨어져 글자들을 가린다. 그러면서 은행잎이 화자에게 말을 건다. 시대나 세상을 읽지 말고 계절과 자연을 읽으라고. 시인이 반자연, 반생태적 삶을 사는 도시민에게 보내는 메시지이다. 친자연, 친생태적 삶은 아래 시와 같이 죽은 사람에게도 필요하다.

떼풀 사이사이
패랭이 개밥풀 도깨비바늘들
방아깨비 풀여치 귀뚜라미 찌르레기 소리도
그치지 않았는데
살과 뼈 녹여 키우셨을 텐데

다 쫓아버렸구나
어머니 혼자
적적하시겠구나.

―「벌초, 하지 말걸」 전문

벌초를 하면서 죽어나가는 식물과 곤충들 역시 사람의 몸이 죽어서 흙이 되어 키운 것이다. 인간의 생명과 일체인 곤충을 벌초를 하면서 모두 쫓아버렸으니 죽어서 무덤 속에 있는 어머니가 적적하신 것은 당연하다. 식물이나 곤충과 인간이 하나의 연쇄체라는 생태적 상상을 시로 형상한 수작이다.

2.

유안진의 시 가운데 불교적 제재와 상상력을 발휘한 시를 읽을 때 느끼는 재미와 의미도 상당하다. 불교는 아주 오랜 전통을 가진 종교이며, 우리 민족의 집단 이념이 되어 한국의 많은 시인들에게 자신의 종교적 성향과 상관없이 시에 불교적 상상력을 불어넣고 있다.

한국 현대시사에서 불교적 상상력의 태두는 한용운일 것이다. 그는 불교적인 정신 위에 민족을 노래한 스님이자 강력한 독립운동가였다. 한용운 이후 오상순·김달진·신석초·조지훈·서정주 등이 있다. 고은·민영·김지하·유안진·박제천·최동호·황지우·최승호·도종환·백무산·이승하·양문규·조용미·고두현·문태준 등의 시에도 불교적 상상력과 제재의 시들이 많이 나타난다. 승려 시인으로는 조오현·임효림·문혜관·박수완·로담 등이 활동하고 있다.

유안진의 시집 『다보탑을 줍다』(창비, 2004)를 읽어가다 보면 간혹 보이는 기독교의 어휘를 통해 그가 "섬겨온 종교"가 가톨릭임을 눈치챌 수 있다. 그럼에도 그의 시들 가운데 명편은 불교적 제재의 차용이나 상상의 시에서 발견된다. 그가 섬기는 천주교 신앙과 달리 불교적 세계관이 그의 몸에 생래적으로 체화되어 있다는 느낌이 든다. 아래는 시집에 나오는 「미소론」이다.

> 국보 제78호
> 삼국시대 금동 미륵보살 반가사유상은
> 한 장 사진만으로도
> 새 정토이다
> 언어도단의 아름다운 극치
> 극치의 신비 신비로운 절대
>
> 이 미소 이상은 모두가 게거품질이고
> 이 미소 이하는 모두가 딸꾹질이다
> 안면근육경련이다.
>
> ―「미소론」 전문

　시인은 국보인 금동미륵보살반가사유상 사진에서 창작 동기를 얻고 있다. 반가사유상은 석가가 출가하기 전 태자로 있을 때 진리와 인생에 대한 생각에 깊이 잠겨 있는 모습을 나타낸 것이라고 한다. 그런데 여기서는 '미륵보살 반가사유상'이다. 미륵신앙에서는 석가가 돌아가신 후 56억 7천만 년쯤 뒤에 천재지변과 도둑이 들끓는 말세가 오고, 그때 도솔천에 있던 미륵보살이 이 세상의 용화수 아래 내려와서 미륵불이 되어 석가가 못다 구제한 중생을 구제하여 이 세상을 다시 고통이 없는 안락한 이상국토로 정화한다는 믿음이 있다.
　사유의 깊이가 보이고 밝고 순진무구한 미소와 함께 총명함이 깃들어 보이는 반가사유상의 미소에서 시인은 "새 정토"와 "언어도단의 아름다운 극치"를 본다. 아울러 '극치의 신비로운 절대'를 보고 있다. 그래서 반가사유상의 미소가 아닌 것은 게거품이고 딸꾹질이고 안면근육경련이라며 폭력적이고 공격적인 어투로 반가사유상의 미소를 절대화한다.

그의 다른 시에서는 "바람이 현주소다/허공이 본적이다"(「주소가 없다」)라고 자신의 실존을 바람과 허공에 비유하여 밝히고 있다. 그의 시집에는 '나'에 대한 어휘가 두드러지게 많은데, 시에서 "나는 늘 나 때문에 내가 가장 아프단다"(「내가 가장 아프단다」)라거나 "나는 본래 없었다"(「나는 본래 없었다」)는 등 '나'를 자주 들여다보고 확인하면서 아집으로 인한 고통과 아견을 벗어나 '무아'에 이르기도 한다.

또 다른 시 「부석사는 건축되지 못했다」는 경북 영주에 있는 사찰인 부석사에서 제목을 빌려와 돌을 던지며 시위를 하는 '부석 행위'를 하였으나 결국 시위를 통해 '부석사'를 세우지 못했다고 한다. 「물고기가 웁디다」는 "절집 추녀 끄트머리 허허 공공에서" 우는 풍경을 비유한 것으로, 화자는 "백담의 못 속이다가/만해의 바다 속이다가/백담사 며칠은 지갑도 빌딩도 부럽지 않습디다"며 "기어이 나도 가사장삼 걸친 물고기만 같습디다"라고 자신을 풍경과 동일화한다. 시 「칠박자로 하는 말」은 딱따구리 소리를 듣고 "늙은 나무 한 그루가 선 채로 목탁이 된다/산 하나가 통째로 목탁이 된다/산마을이 그대로 절간이 된다"는 상상력의 점층적 공간 확장을 통해 시 읽는 쾌감을 준다. 그런데도 화자 자신은 "일곱 박자 이상은 필요가 없는 나무의 말귀를/나만 못 알아듣는다"며 자연과 인간의 불통을 암시한다.

고개 떨구고 걷다가 다보탑을 주웠다

국보 20호를 줍는 횡재를 했다
석존이 영취산에서 법화경을 설하실 때
땅속에서 솟아나 찬탄했다는 다보탑을

두 발 닿은 여기가 영취산 어디인가
어깨 치고 지나간 행인 중에 석존이 계셨는가
고개를 떨구면 세상은 아무데나 불국정토 되는가

정신 차려 다시 보면 빠알간 구리동전
꺾어진 목고개로 주저 않고 싶은 때는
쓸모 있는 듯 별 쓸모없는 10원짜리
그렇게 살아왔다는가 그렇게 살아가라는가

—「다보탑을 줍다」 전문

　유안진의 시 「다보탑을 줍다」는 길거리에서 10원짜리 동전을 줍고서, "국보 20호를 줍는 횡재를 했다"며 기발한 상상을 발휘한 시다. 그리고 지금 여기가 "영취산 어디"이고 "고개를 떨구면 세상은 아무데나 불국정토"라며 현세가 정토임을 비유한다. 그리고 살아가는 것이 "쓸모 있는 듯 쓸모없는 듯 10원짜리" 같다는 존재론적 물음을 던진다.

여성을 넘어 생명으로, 매력을 넘어 마력으로 —문정희의 시

　문정희(1947~) 시인이 없다면 한국 현대시사에서 이렇게 생생한 여성성, 생명성의 목소리를 들을 수 없을 것이다. 농경사회에서 산업사회로 전변하는 1970년대, 이 연대를 기점으로 한국 문단사도 하나의 마디를 새롭게 형성한다. 장기적 휴전 상태로 남아 있는 남북 분단, 경쟁적인 분단 체제를 이용하여 정치적 주도권을 선취한 폭압적인 군부독재 정권에 항의하여 일군의 문인들이 참여적 발설을 시작하면서 민족민중문학의 시대를 열어간다.
　그런가 하면 한편에서는 남성 중심의 가부장적 체제에 저항하는 새로운 여성성의 목소리가 터져나오기 시작한다. 그 마디의 중심에 문정희·고정희·강은교가 있다. 자유로운 발성과 끝없는 호기심, 도발적 상상력으로 문단을 휘젓고 있는 문정희 시인. 나는 그와 지난 2012년 11월 23일부터 11월 26일까지 김금용 시인의 히로시마총영사 관저에 머물면서 후쿠오카와 히로시마 여행을 하였다.

그와 강 건너로 히로시마 평화공원이 바라다보이는 녹나무 아래 카페 Ponte에서 미야지마행 배를 기다리면서 여러 가지 이야기를 나누었다. 까마귀가 낙엽송 가지 위에서 음울하게 울던 날 겨울비를 맞으며 윤동주 시인이 옥사한 후쿠오카의 형무소를 다녀와서, 하까다역 앞 지하 선술집에서도 이야기를 나누었다. 그리고 한국에 돌아와서 거의 한 달 뒤인 12월 24일 저녁에 삼청동 국제화랑에서 다시 만났다. 계간 『대산문화』에 대담 원고를 쓰기 위해서였고, 대담 내용은 "시는 허공과 이슬이야"라는 제목을 뽑아 2013년 봄호에 게재하였다.

문정희는 2010년 헨리 마르틴손 재단이 주는 〈시카다상〉을 받았다. '시카다'는 '매미'라는 말인데, 원폭지인 히로시마의 폐허에서 처음으로 생명의 징후를 보인 것이 매미의 울음소리였다고 한다. 스웨덴 시인 헨리 마르틴손은 매미 울음소리를 시로 써서 1974년 〈노벨문학상〉을 받았고, 그래서 동양의 사상과 공간에 빚을 졌다면서 재단을 만들어 동아시아 시인에게 이 상을 주도록 한 것이다.

문정희의 장시『아우내의 새』(일월서각, 1986)는 시인의 역사와 현실, 서정에 대한 태도를 확고히 한 작품이다. 서시「막을 여는 노래」에 이어지는 서사가 유장하다.

아우내에
어둠이 저벅저벅 내려왔다.

관순은 묶여갔다.
새참 시간보다 더 짧은 새
아비 어미 다 잃은 그녀는
만세 부른 장꾼들과 같이
굴비 두름 엮이어
머리채 끌려갔다.

허공 보았다.
하느님 보았다.

그녀는 그래서 무섭지 않았다.
싱싱한 걸음으로 걸어갔다.

조선 땅 전체가 감방인데
새삼 갇힐 곳이
어디 또 있을까.

—「싱싱한 걸음으로」

인용한 부분은 유관순이 시위를 함께했던 사람들과 같이 묶여서 끌려가는 장면이다. 유관순의 이 당당하고 싱싱한 걸음. 문정희는 이 시를 쓰기까지 10년 동안 유관순을 끌어안고 아우내 장터에서 발품을 팔았다고 한다. 유관순(1902~1920)은 천안시(당시 목천군) 태생으로 이화학당에 교비생으로 진학하여 1919년 3월 1일 독립만세운동에 참여하였다. 휴교령이 내려지자 고향인 천안으로 내려가 음력 3월 1일

12시 천안 아우내 장터에서 군중의 선두에 서서 독립 만세를 외치다가 체포되어 서울 서대문형무소에서 수감 중 타살되었다.

문정희는 1980년대 중반 미국 유학에서 돌아와서, "언론사에서 해직된 친한 분이 소장했던 판금서들을" 자신의 집에 숨겨두고 읽었다고 한다. "그때 사회정치적인 내용의 판금서들을 다 읽었죠. 여섯 박스나 됐어요. 마르크스나『중국의 붉은 별』『로자 룩셈부르크』등등 사회과학 서적들이었죠. 그분 덕분으로 일찍이 이념 세례를 받았어요. 그때 크게 눈을 뜬 것이 페미니즘이어요. 마르크스 이론에 닿는 페미니즘이었죠. 뉴욕에서 유학하며 2년간 인접 예술에 자극을 받고 세계에 대한 눈을 뜨고 돌아온 터라 이념 책들을 읽고 충만했었죠. 그때 체 게바라도 읽었어요."

그가 시에서 여전히 인간 본연의 내적 충동과 서정에 충실하면서도 사회정치적인 관점과 페미니즘을 구체화하는 지적 기반이 이때 형성되었음을 알 수 있다.

그는 또 대담에서 "『아우내의 새』나「딸아 미안해」라는 시를 통해서 보셨겠지만 저는 오래전부터 일제강점기의 유관순이나 정신대 문제에 관심이 많았고, 그래서 민족 수난의 극치였던 히로시마에 와보고 싶었"다고 하였다.

　　딸아, 미안하다
　　오늘 나는 이렇게 말해야 한다
　　무능한 나라의 치욕과
　　적국을 향한 분노로 소리 지르다 말고
　　나는 목젖을 떨며 깊이 울어야 한다

기실 나는 민족을 잘 모른다
그 민족의 주체가 남성인 것도 모른다
다만 오늘 네 앞에 꿇어 엎드려
울음 우는 것은
나의 외면과 나의 망각을 다시 꺼내놓고
사죄하는 것은
네 존엄과 네 인격을 전리품으로 가져간
일본군보다 더 깊게
나의 무지와 독선이 슬프기 때문이다
심청을 팔고, 홍도를 팔고 살아난 아비와 오빠
기생과 놀며 풍류를 더하고
그녀들을 화류로 내던진 이 땅의 강물이
부끄럽기 때문이다
결국 강압과 사기로 세계에도 유례없는 성 노예 집단인
적국 군대의 종군 위안부로 보내진 내 딸아
민족보다도, 그 민족의 주체인 남성의 소유물이
상처를 입은 그 어떤 수치심보다도
내 딸의 존엄과 내 딸의 인격이 전리품으로 능욕당한
그 앞에 나는 무릎 꿇어 사죄한다. 진심으로
미안하다, 딸아
　　　　　　　　　　―「딸아 미안하다」 전문

문정희 시집 『양귀비꽃 머리에 꽂고』에 상재된 시인데, 정신대로 나갔던 딸에게 미안한 것은 "일본군보다 더 깊게/나의 무지와 독선"이라고 자책한다. 시인이 공격하고 있는 것은 일본군이 아닌 "심청을 팔고, 홍도를 팔고 살아난 아비와 오빠/기생과 놀며 풍류를 더하고/그녀들을 화류로 내던진 이 땅"을 망쳐먹은 무력한 남성들이다. 아니, 민족이나 민족의 주체인 남성을 넘어서 "내 딸"이기 때문에 미안하고 사죄를 한다는 것이다. 어린 딸들에 대한 남녀를 초월한 지식인으로서 자책감이다.

시인은 대담에서 학창 시절부터 정치적 억압에 대해, 제한된 자유에 대하여 생각을 많이 하고 있었었으며, 유신을 거치면서 비겁하게 진실을 침묵으로 일관하고 있는 자신이 너무 비겁하다는 생각을 했다고 고백했다. 이 시를 쓸 무렵에는 고등학교 교사였는데 16세 소녀들을 가르치며, 유관순을 열사와 누나에서 벗겨서 그녀의 용기와 자유혼을 쓰고 싶었었다고 한다. 그것으로 역사적 부채감을 조금이나마 갚으려고 했다고 한다.

이처럼 자유롭고 독립적인 여성성의 본질을 역사적 맥락에서 찾은 문정희 시에는 몸과 관련된 어휘가 자주 출현한다. 문정희 시에서 현대인은 자기 몸의 주체가 아니다. 남의 시선에 의해 이끌려 다니느라 타자화되어 있다. 거기다가 몸은 대중매체의 광고주인 식품 회사와 제약 회사, 의류 회사와 화장품 회사 등 대자본에 종속화되어 있다.

문정희는 자본에 속박된, 종속된 몸을 거부한다. 적극적 거부의 방식으로 몸을 시에 자주 던지고 드러낸다. 그러니 몸은 시인이 선호하는 시어이고 주제일 수밖에 없다. 그는 다른 시인들이 몸을 시로 쓰는 것을 유행처럼 하고 있는 것 같아서 전폭적으로 드러내지 않으려고 하지만, 몸이야말로 정신의 알맹이를 드러내는 실체라고 여긴다. 시에서건 삶에서건 몸이 중요하다는 지론이다. 몸을 제재로 쓴 그의 가장 대중화된 시는 아마 「겨울 사랑」일 것이다.

> 눈송이처럼 너에게 가고 싶다
> 머뭇거리지 말고
> 서성대지 말고
> 숨기지 말고
> 그냥 네 하얀 생애 속에 뛰어들어
> 따스한 겨울이 되고 싶다
> 천년 백설이 되고 싶다
>
> ―「겨울사랑」 전문

머뭇거리거나 서성대는 것이 관습이고 일상인 사람들에게 몸을 던지라는, 뛰어들라는 선동이다. 이런 몸은 도대체 무엇일까? 타자에게 정직하게 부딪히고 섞여서 동거하는 몸인 것이다. 독자들이 좋아하는 다른 시 「응」이라는 시를 읽어가다가 보면 성애라 할까 관능, 에로티시즘이 몸에서 출발한다는 것을, 발아한다는 것을 알 수 있다. 이렇게 몸은 모든 것의 처음이다. 의식조차도.

> 햇살 가득한 대낮
> 지금 나하고 하고 싶어?
> 네가 물었을 때
> 꽃처럼 피어난
> 나의 문자(文字)

"응"

동그란 해로 너 내 위에 떠 있고
동그란 달로 나 네 아래 떠 있는
이 눈부신 언어의 체위

오직 심장으로
나란히 당도한
신의 방

너와 내가 만든
아름다운 완성

해와 달
지평선에 함께 떠 있는
땅 위에
제일 평화롭고
뜨거운 대답

"응"

—「응」 전문

관능과 재미와 의미를 한꺼번에 꿰는 작품이다. 이 시를 야하다고 만 생각한다면, 시에서 한 발짝 떨어져 있는 사람일 것이다. 문정희는 대담에서 "이 시는 샤워를 하다가 급하게 문자메시지를 주고받으며 얻은 착상인데, 시각적 청각적 효과를 노린 것이며, 한국 사회에서 조강지처가 아니면 못 쓰는 시"라고 하였다. 아마 시인이 혼자 살면 이런 시 못 썼을 거라는 것이다. 여자가 혼자 살면 '잡벌'들이 날아들기 때문이라는 것. 잡벌이 날아들면 꽃이 좋은 열매를 맺을 수가 없는 까닭에, 부부를 중심으로 정상적인 가정을 꾸리는 건강한 삶이어야 쓸 수 있는 시라고 하였다.

시인은 자신이 가식과 위선에 살지만 견딜 만하다고 했으며, 시를 쓰면서 자신을 견딘다고 하였다. 위 시처럼 시인은 첫 줄부터 독자를 사로잡기 위해 애를 쓴다. 정보가 많은 이런 시대에 시를 안 본다고 투정을 부리고 불만을 터뜨리는 것은 시인의 잘못이라는 것이 그의 지론. 시인의 노력이 부족한 것이라고 한다. 시를 읽었을 때 다른 정보 언어들과 차별된, 시만이 가지고 있는 언어가 있어야 독자가 놀라게 된다는 것이다.

문정희의 시 가운데 많은 사람들이 읽고 아끼는 시가「한계령을 위한 연가」일 것이다. "한겨울 못 잊을 사람하고/한계령쯤을 넘다가/뜻밖의 폭설을 만나고 싶다/뉴스는 다투어 수십 년 만의 풍요를 알리고/자동차들은 뒤뚱거리며/제 구멍들을 찾아가느라 법석이지만/한계령의 한계에 못 이긴 척 기꺼이 묶였으면//오오, 눈부신 고립/사방이 온통 흰 것뿐인 동화의 나라에/발이 아니라 운명이 묶였으면/(이하 생략)"이다. 이것은 시인의 마음이고, 우리 속에는 이렇게 못 잊을 사람하고 뜻밖의 폭설을 만나고 싶은 강한 욕망이 자리하고 있다. 욕망이 없는 자는 죽은 자이고, 몸이 없는 자이므로. 그러니까 이런 욕망도 몸에서 출발하는 것이다. 시인은 이 시를 한계령에 가보지 않고 썼다

고 한다. 팩트와 픽션이 만난 팩션인 것이다. 물론 주제는 욕망이나
그리움이다.

입술을 자주색으로 칠하고 나니
거울 속에 속국의 공주가 앉아 있다
내 작은 얼굴은 국제 자본의 각축장
거상들이 만든 허구의 드라마가
명실공히 그 절정을 이룬다
좁은 영토에 만국기가 펄럭인다

금년 가을 유행 색은 섹시브라운
샤넬이 지시하는 대로
볼연지를 칠하고 예쁜 여자의
신화 속에 스스로를 가두니
이만하면 음모는 제법 완성된 셈
가끔 소스라치며 자신 속의
노예를 깨우지만 매혹의
인공향과 부드러운 색조가 만든
착시는 이미 저항을 잃은 지 오래다

시간을 손으로 막기 위해 육체란
이렇듯 슬픈 향을 찍어 발라야 하는 것일까
안간힘처럼 에스테 로더의 아이라이너로
검은 철책을 두르고

디오르 한 방울을 귀밑에 살짝 뿌려 마무리한 후
드디어 외출 준비를 마친 속국의 여자는
비극 배우처럼 서서히 몸을 일으킨다
　　　　—「화장을 하며」전문

위 시 「화장을 하며」는 여성의 몸이 지구적으로 상품화된 자본주의의 국제적 각축장임을 구체적으로 통찰한다. 여성의 화장은 타자, 특히 남성의 욕망에 반응하는 방식이다. 한 사람의 몸뚱이가 사회정치와 국제경제의 축소판이라는 것과, 동시에 거기에 대한 통렬한 냉소를 보여준다. 상품화된 여성의 정신은 무수한 자본에 세뇌되고 타락하고 때묻고, 결국은 욕망의 창녀가 된다. 단순히 눈과 코와 입이 아닌 우리의 오감과 성적인 영역까지 본성은 사라지고 껍데기만 관심을 갖게 된다.

시의 주인공은 시인의 내적 자화상이기도 하면서 우리들의 자화상이다. 시인이 이 시를 UC버클리에서 읽었을 때 반응이 좋았다고 한다. 이 시대를 통과하는 여자로서 이런 시가 있었다는 것이 시인 자신도 좋았으며, 소비사회에 대한 냉소이기도 하지만 번역도 쉽게 되어 국제적인 문학 행사에서도 잘 읽히고 좋아하는 사람들이 많다고 한다. 이 시와 짝을 이루는 것은 「성공시대」일 것이다.

"어떻게 하지? 나 그만 부자가 되고 말았네/대형 냉장고에 가득한 음식/옷장에 걸린 수십 벌의 상표들/사방에 행복은 흔하기도 하지/언제든 부르면 달려오는 자장면/오른발만 살짝 얹으면 굴러가는 자동차/핸들을 이리저리 돌리기만 하면/나 어디든 갈 수 있네/나 성공하고 말았네/이제 시만 폐업하면 불행 끝/시 대신 진주목걸이 하나만 사서 걸면 오케이"로 술술 잘 읽히는 「성공시대」는 음식과 고가 브랜드 옷들, 오른발만 얹으면 굴러가는 자동차를 가지고 있는 소위 '성공시대'에 살고 있는, 자본에 귀속된 사람들의 자화상이자 번민을 형상화한 시이다.

이렇게 현실 삶을 포착하는데 노련한 문정희는 가부장적 사회체제에 아내이자 주부인 여성 화자의 목소리로 일침을 가한다. 현실의 사전 허락 없이 아예 시원하게 현실을 떠나버리는 것이다. 화자의 주체 확인이자 단호한 주장인 것이다.

여보, 일 년만
나를 찾지 말아주세요
나 지금 결혼 안식년 휴가 떠나요

그날 우리 둘이 나란히 서서
기쁠 때나 슬플 때나 함께 하겠다고
혼인서약을 한 후
여기까지 용케 잘 왔어요

사막에 오아시스가 있고
아니 오아시스가 사막을 가졌던가요

아무튼 우리는
그 안에다가 잔뿌리를 내리고
가지들도 제법 무성히 키웠어요

하지만, 일 년만
나를 찾지 말아주세요

병사에게도 휴가가 있고
노동자들에게도 휴식이 있잖아요

조용한 학자들조차도
재충전을 위해 안식년을 떠나듯이

이제 내가
나에게 안식년을 줍니다

여보, 일 년만
나를 찾지 말아주세요

내가 나를 찾아가지고
올 테니까요

—「공항에서 쓸 편지」 전문

    아내가 안식년 휴가를 떠나겠다니, 그것도 일 년이나 집을 비우겠다니 생각만 해도 아찔하다. 시에는 드러나지 않았지만 남편은 아내가 없는 이 불편을 어찌 견딜지가 가장 걱정스럽다. 아이들이야 다 커서 대학에 다니고 밖에 나가서 사니까 걱정이 없지만, 공항으로 떠나기 전에 남편과 아무런 상의도 없었다는 게 배신감까지 들 것이다. 이런 아내를 어떻게 해야 할까.

그동안 가정을 용케 잘 꾸리고 아이들을 "제법 무성히 키웠"으니 일 년만 찾지 말아달라는 아내. 병사에게도 휴가가 있고, 노동자들에게도 휴가가 있고, 학자들에게도 안식년 휴가가 있는데, 왜 아내에게는 휴가가 없느냐고 호소하고 있다.

세탁기와 청소기, 가공식품, 외식산업 발전으로 아내들의 가사노동 부담이 옛날보다 줄어든 것처럼 보이나, 이전보다 청결하고 안락한 가정에 대한 요구가 높아져 여성의 실제 가사노동량은 줄어들지 않았다고 한다. 수십 년간 매일 반복되는 육아와 아이들 진학 지도, 요리, 설거지, 청소, 빨래는 밖에서 일을 해서 벌어오는 돈보다도 더 중요한 가치를 생산하는 토대를 만드는 중요한 노동이다. 돈으로 환산하면 좀 그렇기는 하지만 월 250만 원 이상이 된다는 주장도 있고, 월 314만 원쯤 된다는 주장도 있다. 이러한 아내들에게 이 땅의 강력한 가부장제가 정당화하고 모성애로 미화한 사회가 안식년 휴가를 주지 않으니, 아내는 자기 스스로에게 안식년 휴가를 주겠다고 선언한다. 일 년 동안 안식년 휴가를 가서 '나'를 찾아오겠다고 한다. 그러나 시에서 아내는 아직 안식년 휴가를 떠나지 않았다. 식구들이 눈에 마음에 밟혀 못 떠났을 것이다. 그래서 제목이 미래형 '을'인 것이다.

위 시와 다른 시 「남편」은 겹친다. 「남편」을 읽어가다가 남편과 남자를 생각해보게 된다. "아버지도 아니고 오빠도 아닌/(…중략…)/세상에서 제일 가깝고 제일 먼 남자"에게 화자는 밥을 지어준다. 시인은 대담에서 "솔직히 밥을 짓고 싶지 않습니다. 그래도 이렇게 썼지만, 우리 세대는 밥을 지어야 하죠. 나의 비겁성과 한국의 전통적 보수주의가 공모하여 밥을 짓게 하는 것입니다. 진심으로 밥을 짓고 싶지는 않아요." 어쩌면 삶에는 비겁성이 동거할지 모른다. 전전긍긍하면서 조심조심 가지 않으면 현실의 올무에 걸려 넘어지기 때문이다.

문정희 시의 매력은 이런 지점에 있다. 제도를 부정하면서도 넘어서지 않는, 그래서 현실의 올무에 걸릴 듯하면서 걸리지 않는 데 있다. 몸에 대한 과감한 탈주와 중지, 관능의 내지름과 절제, 사회적 현실과 윤리적 현실 사이의 긴장이 경계에서 진동하면서 재미와 의미를 주고 있다. 문정희 시가 여성을 넘어 생명으로, 매력을 넘어 마력으로 읽히는 이유다.

등단 반백년의 창작관과 진술 방법들

— 김윤희 시집,
『오아시스의 거간꾼』
(황금알, 2015)

　1962년『현대문학』에 추천이 되면서 등단한 김윤희(1938~)는 시력 50년이 넘도록 시에 대한 사유와 표현을 게을리하지 않고 있다. 이걸 애정 어린 집착이라고 해도 되겠다. 그래서인가, 최근 시집『오아시스의 거간꾼』에는 시에 대한 제재가 많이 등장하며, 시집의 서시「한 사람에게—이런 생각은 어떠신지?」는 시인 김윤희의 시 창작관을 자세하게 드러내는 정보 창고라고 할 수 있다.
　시인은 시에서 "한 사람에게 보이기 위하여 시를/쓴다 눈 밝은 한 사람의 눈에 작죄 들키고 싶어서/시를 쓴다"고 공언하고 있다. 그렇다면 도대체 이런 시는 어떤 시인가? 시를 조금 더 읽어가다가 보면 "인생의 인문학(人文學)에 복무하는 평범한 시"라는 구절을 만날 수 있다.

그러면 또 "인생의 인문학에 복무하는 평범한 시"는 무엇일까? 시인은 "모종의 음험한 나의 도모에 물색없이 가담하여 공모의 사인하는 한 사람"이며, "나의 무법(無法)에 찬성하는 그를 위해 시를 쓰고/어떤 때는 철저한 타인인 그를 위해 시를" 쓰고, "똑 부러지게 배반할 줄 아는 그를 위해 시를 쓴다"고 고백한다.

이렇기에 김윤희의 시와 삶의 관계는 다른 시에서 확인되는 바, 아름다운 '언쟁'의 관계였다. 그는 시「언쟁」에서 "시 그와 생활하는 동안/미세한 언쟁의 생애였다"(「언쟁」 전문)며 시와 같이 지내온 일생을 "미세한 언쟁의 생애"로 개관하고 있다. 다시 말하면 시는 "미세한 언쟁"이며, 시인은 "미세한 언쟁의 생애"를 사는 사람이라는 것이다.

누구나 시를 정의할 수 있으며, 시에 대한 정의는 시를 정의한 사람 수 만큼이나 많을 것이다. 이렇게 시를 하나로 정의할 수 없다는 것, 시에 대한 정의가 다양할 수 있다는 것이 시의 매력을 넘어 마력이다. 김윤희는 이런 마력의 시인학교에 매일 지원하여 입문한다. 그의 시「어떤 학교」는 "오늘 지원하고/입문했다/매일 입문하는 내/시인의 학교//도시락과 물병/빼앗기고/연필과 종이 받아/챙겼다//영원한 유급/졸업 원치 않는다/제적만 걱정이다"(「어떤 학교」 전문)인데, 이렇게 시를 쓰고 시집을 펴내면서 시인학교에서 제적을 면하고 있는 것이다.

필자의 어머니 세대 시인인 김윤희가 시를 대하는 태도나 사랑하는 수준은 샛서방과 비밀스런 밀회를 하는 것만큼이나 어렵고 극적이고 가슴 떨리는 일이다.

다 나가고 없는 집에
용케 알고 그가 온다

문밖 망보고 있던
샛서방같이, 열린 뒷문으로
엉큼하고 재바르게 문 걸어 잠그고
다가앉는다
은근짜 돌쇠
밀어내지 못하도록 사나이같이
팔뚝으로 제압한다
이런 밀회 퍽
자극적이다 시 그가 오는
날이다

―「밀회」 전문

이 시는 시가 작동하는 시간을 샛서방과 밀회하는 것으로 비유하고 있는데 비유의 구체성이 입체감을 더해준다. 이렇게 시가 일상의 서방이 아니고 비일상의 샛서방인 것은 낯선 모험과 경험, 대상에서 튕겨져 나오는 서정의 충동을 기록하는 것이라는 시론에 부합한다. 이런 '시'라는 관념과 형이상의 대상에 사색을 통한 결과를 표현하는 방식은 대개가 단형의 시가 될 수밖에 없을 것이다. 다음의 다른 시들에게서도 이런 단형시의 관성이 확인된다.

헤어져 돌아와 시를 쓰다니/질병처럼 불행하다//보이지 않는 너와 시를/바꿔먹고/장수한들 무엇에/쓰리//시를 잃을 터이니/너를 찾고 싶다

―「시인의 사랑」 전문

모진 생에 대해/시를 가지고 설욕하려 했으나/생이 먼저 시를/능
멸해버렸다

—「능멸」전문

시 대신 먹고 있다/시 대신 자고 있다/시 대신 울고 있다/시 대신
앓고 있다/시 대신 졸고 있다/아! 시 대신 늙고 있다

—「대신」전문

내가 한 줄 시를 매파처럼 사이에/넣어 너에게 구애하노니/너는
기울여 들어라//시가 잘 네게 전해주는지/잘 갖다 바치는지/속 끓
이고 있다/시를 빌린 나 의심투성이다

—「구애」전문

  단형시는 시의 구조에서 인물의 행위와 사건을 가능하면 배제하고 순간적 사유의 충동을 쓰기 때문에 당연히 짧을 수밖에 없다. 그러나 이런 단형시가 서정시의 모체라는 사실은 이미 누구나 알고 있다. 그렇다면 김윤희에 시에서 단형의 시가 여럿 나타나는 이유는 뭘까? 시의 본질에 대한 고민 끝에 내린 나름대로의 창작 방식일 것이다.
  이처럼 시에 몰입하고 사유하며 청소년기 이후 시인의 길을 걸어온 그는, 이제는 생물학적으로 "시 대신 늙고 있"다. 그에게 시는 질병과 불행, 잃음과 되찾음, 설욕과 능멸, 울음과 앓음, 구애와 의심 등 마음이 충돌하는 장소이다. 이것은 시적 수사이기도 하지만 실제 사람의 삶이란 이러한 양가적인 마음의 충돌 현장이며 연속에 지나지 않는다. 이런 삶을 시에 수용하는 김윤희는 늘 "백지(白紙) 밥상"을 받아먹으

며 산다.

> 그날 아침 다가앉은
> 백지 밥상은
> 그들이 먹통같이 무지하여
> 사랑이 상하여
> 희망이 쇠약해져서
> 여생이 미지근하여
>
> 가을같이 주로 누워 지내므로
> 측은하여
> 한 자 한 자
> 꾹꾹
> 소명(疏明)하라는 절체절명의
> 미션이다
>
> ―「백지(白紙) 밥상」 전문

 화자가 시를 일상의 밥으로 삼는다는 비유이다. 어떤 깨우침은 순간에 오는 것이다. 화자 역시 시에 대한 깨우침을 어느 날 아침에 얻은 것 같다. 그러나 깨우침의 강렬한 느낌은 사랑처럼 희망처럼 날이 갈수록 빛이 바래어 미적지근하다. 그래서 선사의 세계에서도 한 번 깨우쳐 가지고는 안 되고, 그 깨우침을 유지를 하기 위해서 계속 공부 속에 있어야 한다고 한다.
 화자는 긴장 없는 시와 같이 미지근하게 늙어가는 여생이지만, 깨우침이 온 "그날 아침"을 기억하며 시쓰기를 어떤 절체절명으로 다잡는다. 그리하여 "한 자 한 자/꾹꾹" 흰 백지 위에 소명을 하고 있다. 물론 화자는 김윤희가 숨어서 조종하고 내세우는 가면이며 대리인이다. 창작자는 주체를 화자가 아니라 백지로 전환하는 진술 방식을 취한다. 이렇게 주체를 바꾸면 시가 또 다르게 읽힌다. 물론 시인의 의도된 낯설게 하기 전략이다. 이렇게 "백지 밥상"을 받는 것, 즉 시쓰기를 "절체절명의/미션"으로 삼는 김윤희는 시를 자신의 '미망인'으로 비유하기도 한다.

> 이제 겨우 그 맛 조금
> 깨쳤는데
> 효험 보기 시작했는데 병석에서도
> 기적 일으키는 그 힘 보았는데
> 지기에서 측근으로 최근 승급해 놓았는데
> 나 떠나야 하나
> 미망인으로 그 남겨두고
> 먼저
> ―「미리 쓰는 절명시; 시는 나의 미망인」 전문

이처럼 인생은 짧고 예술은 길다. 화자는 수십 년을 시와 함께 해오다가 이제 겨우 '시의 맛'을 '조금' 깨우친 상황이다. 화자는 시를 깨친 후 실제 삶에 효험을 보고 있다고 한다. 그것이 어떤 효험인지는 알 수 없으나 정신과 육체 모두가 본 효험일 것이다. 정신과 육체는 상호 보완이자 상생을 하는 관계여서 정신이 세워지면 육체도 세워지고, 육체가 세워지면 정신이 세워진다. 서로가 세운다는 것이 이해되지 않는다면, 경험적으로 정신이나 육체 어느 한쪽이 무너진 사람이 겪는 고통을 생각해보면 될 것이다.

화자는 실제 시 때문에 병석에서 일어나는 기적을 보았다. 처음에는 시와 지기로 지냈는데 최근에는 측근으로 발전되었다. 시가 일상에서 뗄 수 없는 삶의 일부가 된 것이다. 그러나 화자는 생물학적 노화로 시를 떠나야 할 때가 되었다. 화자가 세상을 떠난 뒤에는 시만 남을 것이다. 결국 화자는 시를 "미망인으로" 남겨놓은 채 먼저 세상과 작별을 해야 한다. 그렇다면 지금까지 시인이 죽고 시만 남아 있는 시들은 모두 미망인이란 말인가? 시를 의인화한 비유가 특별하다.

화자, 즉 시인이 시가 뭐라는 것을 수십 년 만에 깨치자마자 삶은 저무는 것이다. 결국 시인은 절명시를 남길 수밖에 없다. 이렇게 김윤희는 시를 미망인으로 의인화하여 시를 깨치기 어려움과 인생의 짧음을 짧은 시편으로 형상하고 있다. 인생의 짧음과 짧음에 대한 회한은 나이를 먹을수록, 아니면 신체에 병증이 닥칠 때 유난히 더 많이 일어나게 된다.

당뇨교실 한 10년 차
졸업은커녕 만년 유급인데
오늘은 치매교실 나와 질문 받고
대답하는 시험 보라고 하네

저 다섯 살 적 앞섶에 손수건
꽂고 나풀나풀 뛰어가던

유치원 예비소집일

이것저것 테스트에서 나
일등 먹었는데 척척 쓰고
읽고 시계도 볼 줄 알았는데

오늘은 무슨 선고 받으러 법정에 출두하는
중죄인 같다
암 늙음은 건강의 피의자이고 말고
피해망상 짙은 분칠로 꽉 누르고

강당에 들어서니
소꿉장난 수준의 기호를 들이대며
풀어보라고 하네
아 드디어 올 것이 왔도다

　　　　　　　　　—「올 것이 왔다」 전문

　병증은 생활기능의 장해로 생물체의 몸에 생리적 이상이 생겨서 고통을 느끼는 것이다. 누군가의 말대로 질병은 인생을 깨닫게 하는 훌륭한 선생이다. 5연 18행의 인용 시를 통해 독자는 화자가 당뇨라는 질병을 가지고 있다는 것을 알 수 있다. 자신의 지병을 '당뇨'라고 밝히고 있는 화자는 '치매'와 관련한 테스트를 받으러 가면서 느낀 "올 것이 왔다"는 위급함과 위기감을 시를 통해 진술하고 있다.
　시에서 화자가 나가는 당뇨교실은 10년 차이지만 졸업이 불가능한 곳이다. 상식적으로 나이를 먹어감에 따라 더 심해지는 당뇨는 지속적인 관리를 받아야 하는 질병이다. 그러므로 당뇨 환자는 당뇨교실의 만년 유급생일 수밖에 없다. 화자는 이러한 당연한 사실을 학교 제도로 비유하여 "만년 유급"이라는 표현을 통해 낯설게 한다.

이 시의 창작 동기는 지병인 당뇨가 아니라 치매교실에서 나와서 치매 테스트를 받아보라는, 아마 사회복지공무원의 안내 때문에 일어난 것으로 추측된다. 화자는 국가복지 차원의 치매 테스트 안내를 받고서 과거의 시험 경험을 회고한다. 유치원 예비소집일에서부터 쓰기와 시계 읽기를 해서 일등을 했던 화자는 치매 테스트를 받아야 되는 상황이 되자 "법정에 출두하"여 선고를 받으러 가는 '중죄인 같은' 생각이 든다는 것이다. 그러면서 이내 "늙음은 건강의 피의자"라는 인식에 도달하고는 자신이 늙었다는 것을 인정한다.

실제로 정신이 멀쩡한 화자는 치매 테스트 현장에서 "소꿉장난 수준의 기호를 들이대"는 시험관들 앞에서 자존심이 상한다. 그러나 이게 늙음의 현실인데 어쩌랴. 화자는 결국 현실을 인정하고 "아 드디어 올 것이 왔도다"며 늙음을 탄식한다. 가히 늙음이란 괴로운 시간이지만 자기에게만 오는 것이 아니고 인간에게 일어나는 보편적 현상이라는 것을 화자는 충분히 인식하기에 절로 탄식하는 것이다.

그렇다고 시인은 늙음을 부정적으로만 보지 않는다. 이를테면 가을날 감나무에 매달린 홍시를 보고 착상한 것으로 보이는 시「가을」에서 시인은 "늙어 입은 상처는/희귀 보석이다/홍시처럼 받들어 모셔야 하리"(「가을」전문)라며 대긍정을 한다. 필자는 육체가 늙어서 입는 마음의 상처가 어떤 것인지는 아직 모르겠지만, 화자를 통해 김윤희는 그것이 희귀 보석처럼 매우 가치가 있는 것이라고 한다. 그러므로 늙어서 입는 상처를 조심스럽고 공손하게 잘 받들어 모셔야 한다는 것이다.

새 것으로 개비하고는 버리지 않고
둔 함석 삭은 대문의 옛 우체통
속에 누군가 자꾸 무얼 집어넣고
달아난다

먼 곳 달려, 내통이 그리운 음흉한
파발들
낙엽 함께 바람도 불룩하게 쌓이고
쌓여 몹쓸 과거 되었다가 견고의
유물 되려 하는

바람이 놓고 간 문자
바람이 끄집어내어 도망가는
배고픈 바람들의 숨바꼭질

유령처럼 극비 접선하여
사위 살핀 뒤 한 바람이
도둑처럼 품고 가리란 것을 아는
또 한 바람 분명 이 지상에
있는 것이다
그 바람을 체포해야 한다

　　　　　　　　　　　　—「무인 포스트」 전문

4연 18행의 위 시는 버려진 녹이 슨 옛 우체통을 관찰하여 얻는 시이다. 시인은 대상을 섬세하고 감각적으로 비유하여 쓸쓸한 감정을 독자에게 불러일으키고 있다. 시에서 오래된 헌 우체통에 '누군가' 우편물을 넣어놓지만 가져가는 사람은 없다. 이 우편물들은 대개 광고지나 오래전 이사를 하여 수신자가 불분명한 우편물일 것이다. 이 쌓인 우편물에 낙엽과 바람도 쌓인다. 누군가 우편물을 가지러 와서 치우지 않는다면 우편물과 바람에 날려 온 낙엽들은 켜켜로 쌓여 유물이 될 것이다.

김윤희는 이런 「무인 포스트」와 같은 감각을 단형시 「고래」에서 더욱 활달하고 선명한 심상으로 보여준다.

> 고래가 질긴 피륙 같은 바다를 물어
> 뜯어 한 조각을 동료에게 던져
> 보내면 그걸 주운 옆의 동료 또 다른
> 친구에게 입으로 릴레이 하여 먼 바다
> 어렵잖게 건너갈 수 있었다
>
> ―「고래」 전문

고래가 헤엄을 쳐서 바다를 항진하는 모습과 바다를 건너가는 고래 지느러미를 닮은 푸르고 활달한 파도가 중첩으로 연상되는 수작이다. 동료와 함께 배려를 하면서 넓은 바다를 건너는 고래의 힘찬 모습은 동료와 함께 배려를 해야 세상을 건널 수 있는 인간계에 비유된다. 그래야 넓은 세상을 건너기가 수월해진다는 의미까지 복합적으로 진술되고 있다. 시가 이렇게 감각에서 의미까지 여러 층위의 진술을 보여줄 때 독자의 시 읽는 기쁨은 배가될 것이다.

등단 50여 년이 넘도록 시를 써오면서, 이제는 시를 '지기'를 넘어 '측근'으로 두고 사는 김윤희는 이번 시집에서 집착에 가까울 정도로 시의 본질에 대한 고민과 사유를 선보이고 있다. 시에 관한, 시를 시로 쓴 시들이다. 시쓰기를 인생의 미션, 즉 반드시 해야 할 소명이나 임무라고 밝히면서 시에 대한 본질적 탐구를 끊임없이 해내는 것이다. 이런 탐구를 기반으로 쓴 김윤희 시의 특징을 크게 유형화하면, 서정적 순간의 충동을 표현한 단형시가 많이 보이고, 생물학적으로 늙고 병든 일상에서 인생을 회고와 아쉬움으로 바라보는 진술이 돋보인다. 회고와 아쉬움은 서정의 기본이며 서정시가 탄생하는 자리다. 이런 시가 탄생하는 접점을 김윤희는 노련하게 포착하고 있는 것이다. 더하여 그의 시에서 작동되고 있는 비유적이고 감각적인 진술 방식은 독자에게 시 읽는 즐거움을 준다. 시적 대상에 대한 적절한 비유와 선명한 감각은 시의 본질에 육박하고자 하는 시인의 투철한 임무임과 동시에 독자를 배려하는 창작 정신일 것이다. 그러한 면에서 우리는 시력 반백년의 김윤희가 던지는 이 시집의 의미를 곰곰이 생각해볼 필요가 있다.

여행 경험의 대위법적 진술과 입체적 구성 　—최금녀 시집,
　　『길 위에 시간을 묻다』
　　(문학세계사, 2012)

　　여행은 생각의 산파라고 한다. 알랭 드 보통의 말이다. 낯선 자연과 사람을 만나 부딪히는 과정에서 많은 생각을 하기 때문일 것이다. 그래서 인간은 여행을 통해서 성숙된다. 석가, 공자, 예수는 여행을 통해 자기 자신을 성숙시킨 성인들이다. 그러니 이들 성인과 많은 현인들은 여행이 낳은 자식들이라고 할 수 있다.
　　글을 쓰거나 쓰지 않거나 상관없이 여행은 중요하다. 많은 현자와 문인들은 여행을 통하여 인생의 의미를 깨닫고, 그것을 글로 남겼다. 조선의 문단을 수십 년간 지배했던 서거정은 문장은 책에서만 배우는 것이 아니라며 독서와 여행을 같이할 것을 권유했다.
　　여행을 하면서 기록한 기행문은 이미 오래전부터 문학작품으로 가치를 인정받은 것은 물론 시에서도 일정한 성과가 나온 것이 사실이다. 백석이나 서정주, 신경림 등 한국 현대시에서 많은 기행시들이 높은 경지의 성공을 거두었다. 그러나 이들의 시집에는 작품이 몇 편이거나 몇 개 나라가 한정되었을 뿐이었다.

그러나 최금녀(1941~)만큼 다양한 경로의 여행을 하고, 그것을 한 권의 시집으로 펴낸 시인은 처음일 것이다. 시인은 머리말에서 "문득 길을 떠나/지구촌을 둘러보면서 한 점씩 사 모은 기념품"이라고 겸양의 언사를 밝히지만, 이렇게 많은 나라를 여행하고 시로 형상한 시편들을 모은 시집은 당분가 나오기 어려울 것이다.

시집의 첫 여행은 인도에서부터 시작한다. 시집 뒤에 실린 산문「인도, 한 조각의 자취도 남지 않는다」는 인도 여행에 대한 스케치다. 시인이 인도에서 발견한 첫인상은 "영국이 진탕치고 간 허름한 건물들이 도깨비굴처럼 을씨년스"런 곳이며, 여행을 거의 마무리하는 시점에서 돌아본 지난 열하루 동안의 여행은 "3D 안경으로 본 영화처럼 정신산만"하다.

강가 강물에 입 맞추며
마음을 담아 꽃촛불도 띄우고

―강가 신이시여,
친구의 며늘아기에게 태기가 없습니다
태의 문을 열어주소서―

강가 신도 감동했는지

꽃촛불이 생글거리며 주위를 맴돌았고
밤하늘의 별들도
내 성근 머리 위에 금가루를 솔솔 뿌려주었다.

—「푸자에 한 표」 부분

　그럼에도 최금녀는 바라나시라고 하는 강가 강변에서 열리는 푸자를 인상 깊게 본다. 푸자는 힌두교의 예배 행사인데, 이 행사를 보아야 인도를 보는 것이라고 한다. 인도 전역에서 모인 임종 직전의 중증환자들이 우글거리는 "열두 지옥"같은 푸자에서 화자는 태기가 없는 친구의 며늘아기를 위해 기도한다. 그리고 기도의 아름다운 대답을 확인한다. 꽃촛불이 생글거리고 별들이 머리 위에 금가루를 뿌리는 것을.
　미국의 태평양 연안에 있는 경치가 아름다운 휴양지인 몬트레이의 여행 경험을 형상한 시도 몇 편 보인다. 시인은 몬트레이 록키포인트 레스토랑에서 "뼈 하얗게 드러나고 품위를 잃지 않은/괴목 테이블에 앉아/―이렇게 근사하게 나이 들었으면 좋겠네―"(「록키포인트 레스토랑」 부분)라고 감격에 잠긴다. 몬트레이의 한 상가에서 50불짜리 스카프를 사서 목주름을 가리고 행복에 겨워하기도 한다.

천국 마당 같은 노천 의자에 앉아
먹어도 먹어도 질리지 않는
메이드 인 유에스에이에 취해
잃어버린 지갑처럼
돌아오지 않는 내 청춘과
행복을 저울질하기에는

턱없이 모자라는 시간과,
잡았다 놓친 품안의 새처럼
아주 잠깐이었던
내 귀중한 날들을 안타까워하며

숨 멎어도 좋을
이 아름다운 곳에서
보라색 들꽃으로나 피어나
귀부인처럼 한 번 살아볼까나…

—「50불짜리 행복」 부분

샌프란시스코에서는「아이 러브 샌프란시스코」를 쓰며, 거기서 스코트 맥켄지의 "샌프란시스코에 가거들랑/머리에 꽃을 꽂는 일 잊지 말라"는 팝송을 추억하기도 하고, 노래 가사에 나오는 샌프란시스코의 다리와 거리와 당시 서울의 명동과 다리와 백화점을 상기한다. 더하여 미국의 거리를 걸으면서 영화와 노래 등에 등장했던 미국의 인물들을 생각하다가 경찰의 사이카 경적에 잊을 뻔한 조국을 생각하고 "불러라 샌프란시스코야/태평양 로맨스야"라는 백설희의 노래가사를 추억한다. 딸이 머무는 보스턴의 경험을 형상한「보스턴의 노숙자들」에서는 "낮에 잠깐 둘러본/잘산다는 미국의 공원/몇백 년은 묵었을 상수리나무 아래/휴지처럼 구겨진 남자 서넛/이 비를 어디에서 피할꼬"라며 빈부차가 극심한 미국의 경제체제와 자본주의의 문제점을 포착하기도 한다.

최금녀는 유럽의 포르투갈에서 스페인으로 넘어가는 국경 부근 야산에서 '소부레로'라는 나무를 만난다. 이 나무의 껍질로 코르크 병마개를 만든다. 시인은 이 나무에서 "허옇게 까발려진 나무의 아랫도리에서/근대 여인 잔혹사를 읽는다"(「동물 막사」 부분). 시인이 읽은 것은 "밥그릇 수대로 줄을 서/먼저 들어간 군번의/뒤통수를 바라보며/추스르고 나올 때를 기다렸다는/이토 히로부미의 동물 막사"(「동물 막사」 부분)에 있던 일제강점기 정신대 여인들이다. 이렇듯 최금녀의 여행시들은 때때로 경험 대상에 무조건 감복하거나 잠기는 것이 아니라 일정 정도 비판적 입장을 취하고 있다.

유럽의 나라와 나라 사이를 달리면서 빈 땅이 보이자 화자는 "저 땅, 좀 어떻게?"라고 하며 "스마트하게 차려 입은 유럽식 허수아비가/내 속내를 짚어내고/택도 없다는 듯/바람결에 팔을 휘휘 내저으며,/땅 흘러간다"고 부동산 지상주의에 사로잡힌 대한민국의 관습을 비판한다. 아래의 「그리운 고려 처녀」에서는 몽골 여인에게서 고려의 처녀를 상상한다.

> 몽골 초원 한 모퉁이
> 판자로 지은 가겟집
> 더운 물 끓여
> 컵라면에 그득 그득 부어주던 주인 여자
> 800년 전 고려에서 붙들려온 꽃다운 처녀들,
> 그중의 하나
> 늙어 맘 좋은 아주머니 된 거 아닐까?
>
> 저녁이면 고려인들

슬픔 깔고 앉아 한숨 쉬며
마유주 나누어 마셨을
나무의자에서,
컵라면 맛있게 먹은 가겟집

이모 얼굴 빼닮은 그 여자를
내 카페에 올려놓고
심심할 때마다 들여다본다.

—「그리운 고려 처녀」 전문

초원의 가겟집에 들러 더운 물을 얻으면서, 물을 부어주던 여자가 800년 전 고려에서 붙들려온 처녀들 가운데 하나가 늙어서 마음이 좋은 아주머니가 된 게 아닐까 하고 상상한다. 그러나 초원에도 세상은 바뀌어 마유주 대신 라면을 끓여먹는다. 화자는 "이모 얼굴을 빼닮은 그 여자를" 카페에 올려놓고 가끔 들여다본다.
몽골의 어워는 우리의 성황당에 해당한다. 시인은 초원의 어디쯤에서 "어지럽게 널린 콜라병, 과자, 지폐, 술병, 짐승의 등뼈"가 놓인 어워를 만난다. 어워에서 기침만 해도 성황당에서 두 손을 비비던 할머니를 회상한다. 어워에 매달린 헝겊이 바람에 날릴 때마다 화자가 "할머니 거기 계신 듯" 회상하며 돌을 주워 올리자, 할머니가 "아가 먼 길 조심해서 가거라."라고 한다.
최금녀는 일본 여행 경험을 쓴 시에서 비판적 입장과 거리를 강화한다. 「미우라 아야코 기념관」에서는 일본의 문인 기념관에서 사랑을 바라보는 젊은이들에게 한국 시인 유치환의 사랑에 관한 명문장이 있음을 얘기하고, 「아와지 섬」에서는 일본의 풍경을 바라보면서 과거 일제 강점과 현대의 경제발전에 대한 "배 아픈 병"이 도진다. 「아사히카와 설산」에서는 "납작 엎드린 흰 눈"을 통해 제2차 세계전쟁에서 항복하던 모습을 연상하고 눈이 쌓인 대관령을 그리워한다.

오래된 전통가옥
아마가세 숲속의 일본 전통여관
난방도 없이 썰렁한
다다미방 하나를 빌려주고
붙이는 전통딱지

이로리라는
일본식 화로에서 새어나온 CO_2에도,
걸음을 옮길 때마다
새가 우는 낡은 마루에도,
전통딱지 붙여
계산서에 올린 황당한 전통료
　　　　　　　―「아마가세 전통가옥」 부분

위 시는 전통문화를 지나치게 상업화한 일본의 "황당한" 여행 경험을 비판한다. 지나친 전통료를 경험한 화자는 "네 귀 상큼하게 들어 올린/삼청동 기와집들 눈에 삼삼한 아침/그쪽에 대고 문안인사 올"리는 것으로 마무리한다. 「항구의 13번지」는 화자의 아버지가 좋아했던 한국계 일본가수 히바리의 노래를 동경 한복판에서 우연히 들으면서 창작 동기가 일어서 쓴 시다. "CD 사다드려도 빙그레 웃으실/아버지가 없는" 화자. 히바리의 노래는 "인생은 한바탕 꿈이라"고 화자를 아는 척한다. 히바리의 노래를 통해 아버지를 회상하고 돌아가신 아버지나 가수의 죽음을 통해 인생의 무상함을 형상화한다.

「늦은 조문」은 중국 연변의 윤동주 생가를 방문하고서 쓴 시다. "조화처럼 생기 없는 그의 생가"를 방문하면서 "동네 사람 누구라도 붙잡고" 윤동주를 잊어서는 안 되니 생가를 잘 지켜달라는 안타까운 마음을 표시한다. 고구려의 광개토대왕묘가 있는 집안을 방문해서는 중국의 동북공정으로 우리의 역사가 "찢겨진 페이지 한 쪽"임을 실감하지만 어찌 할 수 없음을 "쉬—쉬—" 하고 있다.

시집의 뒤에는 여행 산문을 실었다. 문장이 활달하고 박진감이 있어서 잘 읽힌다. 앞에 편집한 시와 내용이 겹치는 부분도 있지만 창작 배경을 읽어내는 다른 재미와 감흥이 있다. 북한이 넘어다 보이는 압록강 변에서 시인의 고향인 함경남도 영흥을 그리워하고, 북경의 유리창에서는 과거에 도포 자락을 휘날리며 드나들었을 추사와 이상적, 박지원 등의 체취를 느낀다. 시베리아 횡단 여행기를 읽어가노라면 독자는 녹색 자작나무 숲을 끊임없이 지나고 있다는 생각에 잠긴다. 부와 명예를 함께 누린 톨스토이와 헤밍웨이와 보르헤스의 행복한 문학 일생을 읽어가면서 부러워하고, 그동안 글쓰기에 태만했던 자신을 반성도 해본다. 그러다가 "세상만사 연과 복이 따라야 한다"는 시인의 말에 이내 마음이 편안해지기도 한다.

최금녀가 여행 경험을 시로 형상한 나라들 가운데 필자와 겹치는 경로도 있고 같이 동행을 했던 나라도 있다. 미국의 몬트레이 해안과 러시아 바이칼 호수, 중국 윤동주 생가는 필자도 가본 경로이지만 필자는 제대로 된 시 한 편 건지지 못했다. 몽골은 동행을 했었지만 최금녀는 필자와는 전혀 다른 감성으로 시를 만들어내고 있다.

기행시의 경우 여행지 정보만 늘어놓아 실패하는 경우가 대부분이다. 그런데 최금녀는 여행지에서 만나는 대상을 시가 되게 형상화하는 특별한 능력을 가지고 있다. 최금녀가 여행시에 성공하는 몇 가지 이유가 있다. 여행지에서의 경험과 한국의 현실이나 상황을 동시에 연상시키는 대위법적 진술과 입체적 구성, 대상과 시적 자아의 거리를 비판적으로 유지하기 때문이다.

시집의 "간"을 맞추기 위해 아름다운 삽화를 넣은 이 시집은 시인이 여행길에서 주체적으로 경험 대상을 관찰하고 부딪치면서 회고하고 사유하여 깨달음에 이르는 도정을 형상한 시들로 가득하다. 이 시집은 시로 읽는 한 권의 세계 여행기이자 세계 문화사이고 대중의 인문 교양서라고 할 수 있다.

제2부

대모적 감성과 발성

— 이승은 시집,
『넬라 판타지아』
(책만드는집, 2014)

 이승은(1958~) 시의 창작 방법 특징은 경험이나 사물을 객관화하거나 자아를 투영하고 역사와 현실을 비판적이고 감성적 이야기로 수렴하는 방식이다. 그는 일상 혹은 여행지에서 만난 경험과 사물을 대모적 감성으로 어루만져 또 다른 이야기로 발현시키는 창작자 고유의 역할을 충실하게 해내고 있다. 그가 닿는 촉수의 범위와 방식의 품은 넓고 다양하다.
 그의 시를 거칠게 유형화하면 자연 풍경의 객관화, 대상에 자아 투영, 문명 비판, 역사와 현실, 가족의 일화의 형상화다. 이런 다양한 제재와 창작 방식을 살펴가면서 시인의 세계를 살펴보는 재미가 여간 쏠쏠하지 않다. 그러니까 우리는 대모적 감성으로 형상한 이승은의 시조를 통해서, 이승은이라는 특수한 개인의 감각술을 통해서 보편적 인간의 세계와 존재 실상을 읽고 공감하고 감동하게 된다.

보편적 존재 실상은 사물을 객관적으로 관찰하고 묘사할 때 잘 드러난다. 다른 말로하면 창작자의 감정이 시에 개입하지 않고 대상과 거리를 가질 때 시의 효과는 커진다. 대상에 주관성을 걷어내고 객관성을 확보하는 방식이다. 시에 주체를 배제하거나 개인의 감정을 투입하지 않는 객관적 진술의 방식이다. 이승은의 시력과 공력을 입증하는 아래의 시 「사강 우체국」은 가을날 한 장의 사진 같은 객관적 진술의 경지를 보여주는 수작이다.

기한을 넘긴 고지서 상냥히도 받아주던

여직원 혼자 앉아 점심을 들고 있다

반 남은 도시락 속의 무말랭이 같은 가을
—「사강 우체국」 전문

시인의 감정을 섞지 않고 대상을 그대로 제시하는 객관적 묘사의 방식을 통해 시인이 보여주는 것은 부족함, 외로움, 비움 등 결핍의 미학이다. 고지서는 기한을 넘긴 고지서이고, 여직원은 여럿이가 아니라 혼자이다. 도시락은 꽉 찬 것이 아니라 반이 남은 도시락이고, 가을은 상식이나 상투어로 사용하는 풍성한 수확이나 결실의 가을이 아니다. 시인의 결핍과 불완전함을 암시하는 내용의 어휘 선택 전략은 독자를 시에 강력하게 흡입시킨다. "기한을 넘긴 고지서"와 "여직원 혼자"와 "반 남은 도시락"과 "무말랭이 같은 가을"이 주는 아쉬움이 인간의 연민하는 마음을 건드리는 것이다.

　사강우체국은 어느 시골의 실재하는 우체국이겠지만, 한적한 시골의 보통 우체국을 대리하는 우체국이다. 손님이 별로 없는 한적한 시골의 우체국은 도시에 있는 우체국처럼 모든 일을 빠르고 정확하게 처리해야 하는 번잡한 우체국과 풍경 자체가 다르다. 이러한 시골의 우체국은 우편 물량이 적어서 여직원 혼자 근무하는 경우가 대부분이고, 더러 문맹이거나 내용을 잘 이해하지 못하는 노인들이 고지서를 들고 와서 내용을 묻기도 한다. 시골의 시간은 느리게 흘러가니 기한을 넘기는 것은 예사로운 일, 여직원이 어느 동네 누구네 여식인지 다 아는 형편이니 우체국 여직원은 손님으로 찾아온 노인들을 동네 어른을 대하듯이 한다.

　고용된 우체부들은 우편물을 돌리러 오토바이나 자전거를 타고 이 동네 저 동네로 돌아다닐 것이고, 여직원은 혼자 도시락 점심을 먹는다. 사무실을 지키는 직원이 혼자이니 사무실을 비우고 가까운 집에 가서 점심을 먹고 올 형편도 안 된다. 1장의 "상냥함"과 대응되는 2장의 "혼자 앉아"서 밥을 먹는 풍경은 사뭇 시골 풍경처럼 한적하고 외롭다. 3장에서 꽉 찬 도시락이 아닌 "반 남은 도시락"이 주는 결핍, 풍성한 결실의 가을이 아닌 "무말랭이 같은" 고졸한 풍경의 묘사는 시골 가을 우체국의 정경을 더욱 시골답게 한다. 이승은은 이런 묘사의 매력을 다른 시에서도 발휘한다.

　　사북 혹은 태백 근처 가을이 지나간다

해는 아직 중천인데 반나마 접힌 낮달

시커먼 폐광의 산턱을 오래도록 핥는다

핥다가 힐끔 보는, 그 눈길에 거뭇해진

사뭇 까치발로 따라나선 산 그림자

부르면 애절히 들어줄 그리운 귀 있는 듯이

— 「넬라 판타지아」 전문

이 시의 묘사적 진술 대상도 위 시와 같이 한적하고 결핍이 존재하는 폐광의 장소이다. 시집의 표제작 「넬라 판타지아」(Nella Fantasia)는 '환상 속에서'로 번역되며, 1986년 발표된 영화 〈The Mission〉의 주제곡인 〈가브리엘 오보에〉에 이탈리아 가사를 붙여서 부른 노래이다. 위키백과에 번안한 가사가 보이는데 인용을 하면 "나의 환상 속에서 난 올바른 세상이 보입니다/그곳에선 누구나 평화롭고 정직하게 살아갑니다/난 영혼이 늘 자유롭기를 꿈꿉니다/저기 떠다니는 구름처럼요/영혼 깊이 인간애 가득한 그곳//나의 환상 속에서 난 밝은 세상이 보입니다/그곳은 밤에도 어둡지 않습니다/난 영혼이 늘 자유롭기를 꿈꿉니다/저기 떠다니는 구름처럼요//나의 환상 속에서 따뜻한 바람이 붑니다/그 바람은 친구처럼 도시로 불어옵니다/난 영혼이 늘 자유롭기를 꿈꿉니다/저기 떠다니는 구름처럼요/영혼 깊이 인간애 가득한 그곳"으로 되어 있는데, 번안이어서 그런지 내용이 다소 추상적이다.

창작자는 이 노래 제목을 가져다가 시의 제목으로 사용하였는데 노래와 시 사이에 인유 방식, 즉 상호텍스트성이 생성된다. 인유는 오랜 창작 방법 가운데 하나다. 옛사람들의 시는 많은 수가 거의 인유 방식을 사용했다고 해도 과언이 아니다. 한시 창작에서 자신의 논리를 보완하기 위하여 역사적인 사실이나 고인의 말, 또는 글이나 고사들을 끌어다가 쓰는 것이다. 아무튼 인유는 시의 중요한 장치이며 내용일 뿐만 아니라 전통적인 창작 방법이다. 동서양의 고전에서 인유가 크게 성행하였으며, 많은 현대 시인들이 인유의 방식을 채용하고 있다.*
이 시에서 인유된 제목은 시 전체 분위기를 애절함과 그리움으로 끌고 가는 역할을 한다. 창작자는 가을날 폐광촌인 사북이나 태백 근처를 지나면서 만난 정경을 객관적 심상으로 묘사하고 있다. 이 시에서 돋보이는 수사법은 심상인데, 가을이 지나가고, 낮달이 반나마 접히고, 접힌 달이 산턱을 핥고, 거뭇해진 산 그림자가 까치발로 따라나선다는 감각적 표현들이 즐거움을 준다. 대상을 감각화하여 진술하는 심상의 방식은 독자에게 쾌감을 불러일으킨다. 창작자가 감각을 활용하여 대상을 낯설게 진술하기 때문이다. 이런 감각적 심상의 절창이 집적된 작품이 「넬라 판타지아」다.
「조천바다」는 「사강우체국」이나 「넬라 판타지아」보다는 조금은 느슨한 방식의 객관적 묘사를 하고 있다. 주관성이 개입하고 있다는 말이다. 마음의 충동을 거짓 없이 형상해야 하는 문학의 양식인 시에서 자아를 개입시키지 않기란 쉽지가 않다.

---

* 졸저, 『이야기가 있는 시창작 수업』(개정판), 시인동네, 2013, 151~171쪽.

이른 봄볕 촘촘하게 내려앉은 돌담 아래
섬동백 꽃송이가 멈칫 웃다 떨어진다
아침이 손님으로 와 하늘을 받쳐 든 곳

숨겨둔 푸른 날을 얼마나 뱉었기에
먼 바다 오지랖이 쪽빛 멍 자국인가
물거품 속내로구나, 빈말이 된 약속들

청보리 바람결에 물빛 더욱 짙은 바다
그 모든 푸르름엔 눈물 맛이 배어 있다
바람도 그런 바람을 무天에 와서 본다

—「조천바다」전문

   조천은 제주도에 있는 바닷가 지명이다. 시인은 이른 봄 제주 여행 중에 조천에 들러 이 시를 지었을 것이다. 1연의 공간은 돌담이다. 돌이 많은 제주 지역에서는 돌로 담을 쌓는다. 쌓은 지 오래되어 내려앉은 돌담 아래 섬동백이 지고 있다. 화자가 이런 정경을 확인하는 시간은 아침이다. 아침이 손님으로 와서 하늘을 받쳐 든 장소인 돌담 아래서 섬동백이 지고 있는 것이다. 2연에서 공간은 바다로 확대된다. 바다를 오지랖으로, 쪽빛 멍 자국으로 비유하고 있다. 오지랖과 멍 자국은 누군가 "숨겨둔 푸른 날을" 바다에 뱉어낸 것이다. "숨겨둔 푸른 날"이 상징하는 것은 화자의 속내이자 화자의 가면을 뒤집어 쓴 창작자의 심리일 수도 있다. 숨겨둔 것이 무엇인지는 알 수 없지만, 푸른 날과 배치되는 억압적인 심리일 수도 있다.

「조천바다」는 앞의 시 「사강우체국」보다 진술이 많이 주관화되었음을 알 수 있다. 그러나 3장에서 이런 것들도 다 '물거품'이고 '빈말'이라는 것이다. 3연에서는 바다가 청보리밭에 비유된다. 청보리밭의 푸른색과 바람에 흔들리는 보리밭 모습의 유사함에서 발상한 것이다. 이러한 푸르름에는 "눈물 맛이 배어 있"는데, 그런 바람을 화자는 조천에 와서 본다. 화자의 "눈물 맛"을 독자는 가늠하기가 어렵다. 진술이 주관화되어 있기 때문이다. 이것이 객관적 묘사와 주관적 묘사의 차이점이다. 창작자의 자아가 개입하는 주관적 묘사의 막연함 때문에 독자는 객관적 묘사의 시를 더 선호하는 경향이 있다. 그러나 그것이 감동의 문제와 어떻게 관련되는지는 다른 문제이다.

지성인의 조건을 반권력, 반자본, 반문명 등 현실 비판 여부로 결정하는 것은 지성사의 오래된 합의이다. 인간이 창출한 정치에 인간이 눌리고, 자본에 인간이 묶이고, 문명에 인간이 갇혀서 온갖 괴로움을 당하며 사는 것이 현실이다. 이러한 현실 세계를 깨뜨려서 삶을 재구성하고 세계를 재조직해서 좀 더 인간다운 삶을 실현하자며 인간의 감성을 깨우고 제안하고 자극하는 것이 지성인이다. 이승은 역시 시에서 반문명, 생태적 상상을 놓치지 않고 있다. 아래 「삼짓날」과 「동작대교를 지나며」가 그렇다.

칠층 옥상 기와 끝에 제비가 와서 운다

변죽을 울려 봐도 기척 없는 벼랑인데

물고 온 박씨를 삼켰나, 봄빛 가득 쉰 소리로

노래 아닌 울음으로 새들이 모여들자

전깃줄도 선하품에 두어 뼘씩 늘어진다

황사에 반눈만 뜬 채, 주춤대며 기는 봄

　　　　　　　　　　—「삼짓날」전문

강물은 다치지 않고 무수히 건너갔을까

그 빤한 거짓말에도 화해의 손 내어밀던

오금을 펴지도 못하고 내처 앓는 여기, 서울

겁탈하듯 대지르는 전동차를 받아내며

하루에도 몇 번인가 울렁증을 참아내며

뜻 없이 구겨 던진 것 죄다 품고 있었구나

　　　　　　　　　　—「동작대교를 지나며」전문

음력 3월 초 사흗날인 삼월 삼짇날은 봄이 본격적으로 돌아오는 절기이다. 이날은 강남 갔던 제비가 다시 돌아온다는 날이다. 이날 흰 나비를 보면 그해에 상복을 입게 되고 색이 있는 나비를 보면 길한 일이 있다고 믿었다. 또 이날 약물을 먹으면 연중 무병하다고 전해진다. 냇물에 몸을 씻고 교외에 나가서 하루를 즐기고, 집에서는 진달래꽃을 찹쌀가루에 넣어 둥근 떡을 만들고 참기름에 지진 화전을 만들어 먹기도 하고 녹두 가루로 만든 화면을 만들어 먹는다고 한다. 겨우내 집 안에 있던 여자들은 음식을 만들어가지고 가서 진달래를 따면서 화전놀이를 즐긴다고 한다. 여흥으로 꽃싸움도 하고 꽃단치기도 하고, 용왕당이나 산신당에 가서 아들을 낳게 해달라고 기도를 했다고 한다.

이런 삼짇날 도시의 7층 옥상 기와 끝에 제비가 와서 운다. 그런데 이 제비의 울음소리가 쉰 소리다. 예전의 노래가 아니고 울음이다. 제비 소리가 즐겁지 않으니 제비가 앉은 전깃줄도 "선하품"을 하며 늘어질 뿐이다. 이런 제비의 울음소리에는 황사도 한몫한다. 황사는 제비에게 "반눈만" 뜨게 한다. 화자에게는 이런 봄이 "주춤대며 기는 봄"일 뿐이다. 예전과 같지 않은 환경에 제비가 와서 즐거운 노래보다는 쉰 목소리로 운다는, 달라진 환경과 생태 현실을 제비를 통해 비판하고 있다.

실제로 우리나라에 제비가 옛날과 같이 많이 오지 않는다고 한다. 서울에서는 제비가 관측되지 않은 게 수년째라고 하는데, 그 이유는 환경 영향 때문이다. 제비는 사람에게 의존해서 번식을 하는 새이다. 그러나 사람의 주거 공간이 변하니 제비가 와도 집을 지을 공간이 없다. 물론 제비는 집을 지을 때 진흙과 짚을 섞어서 지어야 하는데 재료도 없다. 먹이인 곤충은 살충제 사용으로 많이 줄어들었다. 아무튼 창작자는 제비가 "쉰 소리" "노래가 아닌 울음" "황사에 반눈만 뜬" 것으로 환경이 달라진 현실을 비극적으로 형상한다.

「동작대교를 지나며」에서 동작대교는 "겁탈하듯 대지르는 전동차를 받아내"고 "하루에도 몇 번인가 울렁증을 참아내"는 다리다. 동작대교는 도시의 상처와 거짓의 본향인 대도시 서울의 불모성과 폭력성을 어김없이 받아내고 품고 있다. 이승은은 이런 문명 비판뿐만 아니라, 역사와 현실을 시로 읽어내기도 한다. 「망월동 장미」는 1980년 5월 광주에서 죽은 "퍼렇게 허여된 목숨"을 암시하고 있다. 「낡은 놋주발」은 청산하지 못한 친일의 역사를 비판적으로 형상하고 있다.

비행기를 헌납하고 요직에 앉았다는 친일의 은전으로 거머쥔 저
땅덩이 육십 년 광복절 아침에 배가 자꾸 불러오고,

경북 영덕 출신 의병장 저 신돌석 그 집안에 전해오는 낡은 놋주
발은 연푸른 녹이나 긁으며 이날토록 배를 곯고,

—「낡은 놋주발」 전문

해방 후 남한의 정치권력은 일본제국주의 시절에 친일을 한 사람들에게 다시 돌아갔다. 역사 정의가 사라지면서 수십 년간 정치권력의 정통성에 대한 갈등이 계속 일고 있다. 일제의 식민 통치 압제로부터 해방된 후 대한민국 탄생과 함께 당연히 해결했어야 할 친일 청산 과제를 해결하지 못했기 때문이다. 1연은 일본제국주의에 비행기를 헌납하고 친일의 은전으로 권력과 부를 거머쥔, 아직까지 청산하지 못한 한국 현실을 비판하고 있다. 2연은 신돌석으로 대유되는 항일, 독립운동을 한 가계에 대한 비열하고 반역사적인 처우를 비난하고 있다.
해방 이후에도 정리되지 않은 친일 세력이 정치권력을 잡으면서 권력의 정통성은 의심을 받고, 기업과 개인의 부가 정당성을 인정받지 못

하는 이유가 여기에 있다. 친일 세력 자손들의 부는 세습되어 폭발적으로 늘어나고 부를 바탕으로 정치에도 진출하여 위세를 떨치지만, 일제와 친일 세력에게 고난을 당하던 항일 독립 세력과 그의 자손들은 "낡은 놋주발 연푸른 녹이나 긁으며 이날토록 배를 곯"고 있다는 것이다. 「낡은 놋주발」은 이런 역사적 부정의에 대한 비판을 두 사례를 대칭시켜 비유하고 있다.

1. 그 여자

망원시장 좌판에서 노가리를 구워 파는,
갓 마흔쯤 되었을까 팥죽빛 볼그늘에
어리는 작은 숟갈들 그림자가 넷이라고

정작 있어야 할 큰 숟갈이 없고 보니
덜어낼 부끄럼이 어디 따로 있겠냐고
객꾼들 객소리 들으며 잔술까지 팔고 있는,

2. 금화시범아파트

북아현동 언덕배기
반세기 전 시범아파트
한사코 시내 쪽을
기웃대는 내리막길

빳빳이 마른 빨래가

빨래집게를 물고 있다

3. 점집

두 켤레 하이힐에 단화가 서너 켤레

굽이 낡은 채로 가지런한 아래쪽에

다급히 벗어던진 듯 슬리퍼가 한 켤레

4. 숙제

빠끔히 문을 열고

이쪽을 보는 아이

아성다방 미스 홍이

홀로 낳아 기른 아이

여닫이 유리 문짝을

여닫으며 크는 아이

—「풍경 2013」 전문

「풍경 2013」은 시로 구성한 핍진한 민중 서사이다. 이승은은 자애한 시선으로 시장의 좌판, 오래된 서민 아파트, 점집, 다방의 모습을 진술한다. 1부 '그 여자'는 망원시장 좌판에서 "잔술까지 팔고 있는"

남편이 없는 갓 마흔쯤 되는 여성의 서사다. 노가리를 구워 파는 그녀는 "작은 숟갈" 네 개로 비유되는 아이가 넷이고, 남편으로 비유되는 "큰 숟갈"은 없다. 건강한 "팥죽빛 볼그늘"을 가지고 있는 그녀는 부끄러움 없이 "객꾼들 잔소리"를 들으며 억척같이 생업에 전념하고 있는 건강한 민중의 전형이다.

2부 '금화시범아파트'는 반세기 전에 지어진 아파트의 풍경이다. 시내 쪽을 기웃대는 내리막길이 있는 북아현동 언덕에 있는 아파트다. 이 아파트에서는 빨래가 마르는데, 마른빨래가 빨래집게를 물고 있다고 한다. 주체의 역전을 통해 시의 효과를 내고 있다. 최근에 지어진 고급 아파트의 경우 고층이거나 담장으로 은폐되어 있어 밖에서 집안에 널어놓은 빨래를 보기가 매우 어렵다. 그러나 서민의 아파트는 길거리나 시장과 근접하여 밖에서도 쉽게 가재도구와 빨래 등 살림살이를 볼 수 있다.

3부는 '점집' 배경이다. 점집은 도시의 오래된 동네에 지금도 남아 있는 풍경이다. 사람들은 현실의 고민과 한 치도 알 수 없는 미래의 운명을 궁금해하며 점집을 찾는다. 점은 아직까지 일반인들에게 호기심을 발하게 하는 신비한 영역이다. 점을 보는 기술은 지금은 대학 평생교육원이나 문화센터에서 강좌가 여전히 개설되고 있으며, 선거나 대학입시, 취업 시즌에 특수를 누리고 있는 엄연한 직업 가운데 하나가 되었다. 시에서 도시 여자가 점집에 들어갔음을 암시하는 "두 켤레 하이힐"과 "단화 서너 켤레", 그리고 "다급히 벗어던진" 슬리퍼 한 켤레가 시의 흐름을 급전시키며 입체성을 갖게 하고 있다.

4부는 '숙제'인데, 시장통 "아성다방의 미스 홍"이 홀로 낳아서 기르는 어린아이가 숙제를 하고 있는 모습을 그리고 있다. 어떤 사연으로 누구의 아이인지 모르거나, 아마 알아도 혼자 키울 수밖에 없는 처지 일 것이다. 이 아이는 밖이 궁금하여 가끔 여닫이 유리문을 열고 밖을 내다보는데, 길거리를 지나는 화자와 우연히 눈이 부딪힌다. 화자는 아이가 연 문 안을 들여다본다. 아이는 숙제를 하고 있다. 물론 아이의 엄마인 미스 홍은 여닫이 문 다른 켠에서 손님에게 차를 팔고 있을 것이다.

망원시장을 중심으로 남편이 없는 여자가 생업을 위해 좌판에서 노가리를 굽고 잔술을 팔고, 사업장과 살림집이 공존하는 가난한 미스홍의 다방 아이, 이들이 사는 오래되어 낡은 아파트와 점집 풍경을 대모의 감성으로 진술하고 있다. 이 시는 시로 쓴 한 시대의 민중 서사이자 이들의 생활상을 정밀하게 그려낸 미시사라고 할 수 있다.

이번 시집에는 가족의 일화가 여러 편 보인다. 시가 경험의 자기 고백 양식이니까, 시에 인생의 생로병사 축소판인 가족사가 등장하는 것은 당연한 일일 것이다.

오래도록 비워놓은
물기 마른 부엌에서

아버지 너스레로 냉면을 삶으신다

상처가 지나온 길에
고명이네,
저 흉터

—「점심상」 전문

외할머니 머리맡에 늘 있던 갱개랍 빛깔

터질듯 어질어질 달궈진 여름 창가에

사는 게 쓰디썼다는 말씀으로 피었다

열매는 맺지 못할, 이미 꺾인 꽃모가지

수반에 담긴 채로 하안거에 드셨는가

한평생 오그린 맨발로 다녀가신 길 보인다

— 「오이꽃」 전문

「점심상」에서 아버지는 냉면을 삶고 있다. 아버지의 주방은 오래도록 사용을 하지 않아서 "오래도록 비워놓은/물기 마른 부엌"이다. 사람이 혼자 살면 음식 만들어 먹는 일을 게을리하고 간편한 음식만 찾게 마련이다. 그건 독거노인이나 젊은 독신 거주자나 마찬가지다. 화자는 아버지의 주방에 물기가 말라 있는 것을 보고, 아버지에게 평소에 잘 챙겨먹지 않는다며 애정 어린 지청구를 했을 것이다. 화자의 애정 어린 지청구에는, 혼자인 아버지를 챙기지 못하는 미안함도 배어 있을 것이다. 이것을 아버지는 너스레로 받아넘기고 있다. 그 너스레의 뒷면에는 아버지 나름대로 상처가 있을 것이고, 아버지는 그 상처를 고명으로 얹고 있다. 그 상처를 이 시에서는 추출하기 어렵다. 아마 먼저 아내를 보낸 '상처'일 수도 있고, 일생에서 입은 어떤 특정한 사건의 상처일 수도 있다.

「오이꽃」은 색깔에서 오는 환유의 방식을 수사법으로 사용하고 있는 수작이다. 화자는 여름 창가에서 수반에 오이를 키우고 있다. 이 오이꽃의 색깔에서 "외할머니 머리맡에 늘 있던 갱개랍"을 떠올린다. 그러니까 오이꽃 통해 갱개랍이 떠오르고, 갱개랍을 통해 할머니가 떠오르는 것이다. 갱개랍은 두통약으로 일명 키니네(Kinine)이고 한자로는 금계랍(金鷄蠟)이다. 국어사전에 보면 키니네는 기나나무 껍질에서 얻은 알칼로이드의 하나라고 설명되어 있다. 기나나무는 꼭두서니과의 식물이다. 어려서 엄마가 아이의 젖을 뗄 때 젖꼭지에 노란 약을 발아놓으면 아이가 그것을 빨다가 쓴맛에 다시는 젖을 물지 않던 약이다. 열을 억제하여 모기로 감염되는 말라리아에 특효약이고 열이 날 때 먹는 상비약이다.

화자는 오이꽃 색깔에서 환유된 갱개랍의 빛깔, 갱개랍의 쓴맛에서 환유된 외할머니의 '쓴맛 인생'을 이야기하고 있다. 화자는 현재 수반에 키우고 있는 오이넝쿨에서 핀 오이꽃을 외할머니의 말씀으로 핀 것으로 환유하기도 한다. 오이 꼭지의 쓴 부문과 할머니 쓰디쓴 인생을 환치시키는 것이다. 도시의 주택 창가 수반에 오이를 키우고 있으니 꽃은 피겠으나 수정을 할 벌이 없으니 열매 없이 꽃이 질 것은 뻔하다. 오이꽃이 떨어져 수반에 담긴 채로 조용하다. 마치 더운 여름날 창가에서 하안거에 든 것 같다. 이 모습, 즉 수반에 떨어진 오그라진 오이꽃에서 화자는 다시 한평생을 "오그린 맨발로 다녀가신" 외할머니를 떠올린다.

독자가 시를 읽는 것은 시인이 대리하는 한 개인의 경험과 상상을 통해 인간의 보편적 존재성을 확인하는 것이다. 그 존재성이 확인될 때 독자는 공감하고 감동하게 된다. 그러니 시인은 시로 표현하는 특수한 기술을 가진 보편적 인간의 대리자라고 할 수 있다. 필자가 인용한 몇 편의 시들에서 확인되는 바, 우리는 이승은의 시를 통해 보편적 인간 존재의 전형들을 감각으로 만날 수 있다.

그 전형들은 이승은이 대모적 감성과 발성으로 빚은 창조물이다. 우리는 다양한 제재 선택과 창작 방식을 통해서 보편적 삶의 양식과 역사를 확인시켜 주고, 인류를 좀 더 풍만한 삶으로 전진시켜주는 시인들, 그 가운데 특별한 대리자인 이승은 시인에게 감사해야 할 것이다.

몸과 시간의 변주 — 장순금 시집, 『골방은 하늘과 가깝다』
(문학아카데미, 2012)

　　장순금(1953~)이 보여주는 시들의 특징을 몸과 시간의 변주라고 해야겠다. 시인은 몸에서 상상력을 발아하고, 이렇게 발아된 상상력을 한 편 한 편 시간으로 변주하여 형상화한다. 몸에 시간을 부여하면 변형된다. 인간은 평생 몸을 시간으로 변주하며 사는 존재일지도 모른다. 인간이 생로병사의 자장을 벗어나지 못하는 것도 이 시간 때문이다.

　　목욕탕에서
　　허리에 나비 문신한 여자를 보았다
　　살이 잉크를 빨아먹고 나비가 되었다

나비 앉은 자리에서 허리로 날개가 돋았다
집으로 돌아와
프린트기 전원을 켜고 시 한 편을 클릭했다
백지가 온몸으로 잉크를 빨아들여
한 획씩 문신을 박아 나왔다
시 한 편이 백지의 살을 뚫고
내 이름에 문신을 새겨 나왔다
시를 제 살 속에 박고 사는 시인은
나비다
허리 동그랗게 고요를 가두었다 창공을 오르는
나비 날개다
목욕탕에서, 살에
프린트한 시 한 편이 지나갔다

―「프린트하다」 전문

건물의 치밀한 설계도처럼 4단 구조로 잘 짜인 이 시는 처음과 마지막에 동일한 공간을 배치한 액자식 구성을 하고 있다. 1단이라고 할 수 있는 1~4행에서 화자는 "목욕탕에서/허리에 나비 문신을 한 여자를 보"고 있다. 이러한 단순 진술을 통해 시에 안내된 독자는 "살이 잉크를 빨아먹고 나비가 되었다"는 낯선 문장을 만나게 된다.
  독자가 시행을 읽어가면서 충격에 빠지는 이유는 주체전도의 표현과, 문장의 비논리성 때문일 것이다. 문신은 잉크를 살에 박는 것인데 살이 잉크를 빨아먹었다는 표현의 강렬함, 살이 나비가 되었다는 환유가 그것이다. 이 문장이 주는 정서적 충격이 가시기도 전에 독자는 다음 문장에서 "나비 앉은 자리에서 허리로 날개가 돋았다"는 유쾌한 환유를 만나게 된다. 이 낯선 상상이 독자의 심리에 긴장과 이완을 반복하면서 시 읽는 쾌감을 준다.

2단은 5~10행이다. 화자는 집으로 돌아와서 시를 프린트한다. 화자가 보기에 프린트된 시는 "백지가 온몸으로 잉크를 빨아들여"서 문신을 박고 나온 것이다. 앞의 단에서 허리에 문신을 박고 나왔다는 표현과 유사하다. 화자는 글자가 "백지의 살을 뚫고/내 이름에 문신을 새겨 나왔다"고 한다. "백지의 살을 뚫"었다는 표현의 강렬함, 그것이 "내 이름에 문신을 새"겼다고 자기 확인을 한다. 3단에서는 상황을 객관화하여 보여준다. 시선은 목욕탕에서 본 문신에서, 백지의 프린트로, 여기서 "살 속에 시를 박고 사는 시인"으로 이동한다. 살 속에 시가 체화된 시인은 "나비"이며 "창공을 오르는/나비 날개"라는 것이다.

마지막 2개의 행은 4단이라고 할 수 있는데, 목욕탕으로 공간이 옮겨간다. 살에 문신한 나비는 몸에 "프린트한 시"가 된다. 1단에서 본 몸의 문신은 2단과 3단의 과정을 거쳐 4단에 와서 한 편의 시라고 표현된다.

알몸 둘이
축 처진 거죽 몇 겹 안고
목욕탕 문을 밀고 들어왔다

더듬더듬 앉아
마른 명태 같은 팔로 허우적, 허공 웅덩이에서 물을 퍼낸다
수분이 다 빠진 굽은 고목 둘이

서로 형님 동생 그러며 근근이 등 밀어준다
손닿지 않는 것이 어디 등뿐이랴,

허연 실타래 같은 세월 굽이친 머리에
흰 거품 뭉게뭉게 피워올려 구름 동산 만들려나,
팔다리 얼룩덜룩 저승꽃
하얗게 거품꽃 부풀려 빈 몸에 입혀본다

거품 같은 한 시절,
물 몇 바가지 퍼부어주니 순식간에 하수구로 흘렀다

나도 그 하수구에
누더기 껍데기 하나, 내던지고 왔다

―「껍데기」 전문

이 시 역시 목욕탕에서 시적 발상을 한 것이다. 목욕탕에 들어온 두 노인의 모습을 적실하게 표현하고 있다. 1연에서는 나이가 먹은 두 사람이 알몸으로 목욕탕에 들어오는데, 몸이 "축 처진 거죽 몇 겹 안고" 있는 것과 같다. 2연에서는 수조 안과 주변에서 하는 행위들을 동적으로 진술한다. 늙은 몸이어서 "마른 명태 같은 팔로 허우적"거리며 물을 퍼내는 모습은 역동적이며, 늙은 몸통은 "수분이 다 빠진 굽은 고목 둘"로 비유한다. 두 사람이 형님 동생 하면서 서로 손이 닿지 않는 등을 근근이 밀어주고 있는 모습도 다정하다. 3연에서는 흰 머리카락을 "허연 실타래 같은 세월 굽이친 머리"로 비유한다. 노인들의 팔과 다리에는 "얼룩덜룩"한 저승꽃이 피어 있고, 비누는 "하얗게 거품꽃"을 피워 빈 몸을 감싼다. 살아온 세월은 "거품 같은 한 시절"이다. 이러한 거품은 몇 바가지 물에 하수구로 흘러간다. 인생도 마찬가지로 거품처럼 금세 사라진다. 『금강경』의 핵심적인 비유인 물거품의 그림자, 즉 포영(泡影)이다. 결국 화자 역시 하수구에 자신의 몸을 비유한 "누더기 껍데기"를 내던지고 왔다고 한다.

장순금 시의 또 다른 특장은 대상에 따듯한 시간을 입혀 독자의 공감의 불러온다는 것이다. 그에게 있어 고물상은 따듯한 시간의 의상을 입은 사물들의 적재소다.

아파트 뒷길에 고물상이 생겼다

잊혀지고 버려진 것들이 하나씩 서로 곁을 내주더니

뒷길도 한통속이 되었다

처음에는 모두 순한 새것으로, 처음에는 선물로 세상에 왔는데

바람에 넘어지고 구름에 밀리고 허공에 밟히고 시간에 잊혀져

날 선 자존감도 빛나는 기억도,

마침내는 그늘 한 뼘마저 세상의 뒷길에 내놓았다

그냥 한 가족이 되어서

금 간 것들끼리 서로 문지르며 평화 한 줌을 나누어 갖는다

밤이면 평화 고물상 앞으로 한 수레씩 배달되는 별빛 달빛,
　　　　　　　　　　　　　　—「평화고물상」전문

창작자는 고물상에 시간을 입은 사물들을 모아놓고 있다. 모여 있는 고물들에게 창작자는 화자를 앞세워 자신의 인품을 투영시키고 있다. 화자의 "아파트 뒷길에 고물상이 생겼"는데, 이것은 인간들처럼 서로 경쟁하고 자리를 빼앗는 것이 아니라 "잊혀지고 버려진 것들이 하나씩 서로 곁을 내주는" 미덕을 가진 사물들의 집합소다. 서로 곁을 내준 양보는 "뒷길도 한통속이 되"게 하는 위력을 가졌다. 고물상에 모인 물건들은 "처음에는 모두 순한 새것으로" 세상에 왔지만 "바람에 넘어지고 구름에 밀리고 허공에 밟히고 시간에 잊혀져"서 "그늘 한 뼘마저 세상의 뒷길에 내놓"이게 되었다. 결국 모여 있는 고물들은 "한 가족이 되어"서 "금 간 것들끼리 서로 문지르며 평화 한 줌을 나누어 갖"게 된다. 그리고 "밤이면 평화 고물상 앞으로 한 수레씩" "별빛과 달빛"이 배달된다는 아름다운 상상을 만난다.

　　여덟 살에 수술 받고 학교를 쉴 때
　　햇살이 길게 누운 마루 끝에 앉아
　　공중에 떠도는 먼지를, 그 안에 반짝이는 빛을 바라보다
　　눈을 질끈 감고 쓴 한약을 마셨다

대문 밖 아이들이 가방 메고 가는 꽃길,
약 냄새를 밥내처럼 맡으며
아이들의 봄을 숨어서 보다
울다
거품이 빠져나간 내 봄을 메고
아홉 살 지나 첫, 학교 가는 길에

나는 얼음 같은 햇살에 데었다

발바닥이 얼얼하도록 온몸의 살이 땡기도록
내 살 갈피를 책갈피처럼 열어젖히는
그 어린 날, 얼음처럼 차갑고 뜨거운 햇살이

흐물흐물 몸뚱이 버리고 싶은 오늘
정신 날 시퍼렇게 일으키는 복부 오른쪽
통증이
그 햇살을 메고
다시 나를 찾아왔다

—「입춘부」 전문

자전적 요소가 강한 위 시는 유년의 몸과 현재의 몸을 결합시키고 있다. 몸이 아파서 학교를 가지 못했던 유년의 강렬한 기억과 버리고 싶은 현재의 "흐물흐물한 몸뚱이"가 시간의 폭을 형성하면서 공감의 폭을 넓히고 있다. 화자는 "여덟 살에 수술 받고 학교를" 쉬었으며, 기운이 없으니 "햇살이 길게 누운 마루 끝에 앉아"서 지내면서 햇살에 산란하는 공중의 먼지와 반짝이는 빛을 바라보다가 "쓴 한약을 마셨다"고 한다. 쓴 한약을 먹던 기억과 함께 또래들과 같이 학교에 가지 못하는 심리적 위축과 외상이 수십 년간 내재되어 있다가 시로 터져나오고 있다. 화자에게 유년의 기억이란 약냄새를 밥 냄새처럼 맡고, 대문 밖 꽃길을 가방을 메고 가는 아이들을 숨어서 바라보다가 우는 것이다. 화자가 아홉 살이 지나서야 학교에 가는 충격은 "얼음 같은 햇살에 데"이는 것으로 기억된다. 이 차고 밝은, 단단하고 맑은 모순의 햇살이 유년의 기억 속에 내장되어 있는 것이다. 오늘 화자의 몸은 "흐물흐물"하여 버리고 싶다. 이러한 오늘의 몸이 과거 유년의 몸을 불러와 통증을 일으킨다. 오늘의 몸이 과거의 몸을 불러와 시간의 폭을 벌려놓으면서 독자의 상상 공간을 넓혀주고 있다.

장순금은 일상생활에서 일어나는 상황의 불균형을 시로 포착하여 웃음을 유발시키는 특장도 보이고 있다. 아래와 같은 시이다.

경부고속도로와 올림픽대로 입구
좁은 병목에 한데 몰려
위태롭게 엉키며 다칠세라 기어가는 자동차들

그 사이,
길을 가로질러
골판지 넘치게 싣고 나타난 리어카,
홀로 당당히 유유자적

모세가 홍해를 가르듯 길을 가르고
양 옆으로 만조백관 거느리고
등극하듯
낡은 밀짚모자 왕관이 빛난다

모두들 일시에 숨 멈추듯 제자리서
경례하듯
거리의 제왕을 올려다본다.

─「제왕」 전문

　병목현상으로 엉킨 자동차들 사이를 가로질러가는 상인을 경험한 적이 있을 것이다. 창작자는 이러한 상황을 한 편의 시로 잡아채고 있다. 병목현상으로 차가 밀리는 도로에서 자동차 사이를 가로질러 유유자적하게 지나가는 것은 골판지를 싣고 나타난 리어카이다. 이러한 모습을 자동차 안에 있는 화자는 "홍해를 가르듯 길을 가르고" 가는 모세나, "양 옆으로 만조백관 거느"린 왕으로 진술한다. 또 밀짚모자는 왕관으로 표현한다. 자동차와 리어카, 상인과 모세, 상인과 왕, 낡은 밀짚모자와 왕관은 서로 대칭되지만 가치의 낙차가 크다. 이렇게 창작자는 가치가 다른 사물을 대칭적으로 호응시켜서 독자에게 웃음을 유발시킨다. 독자들은 창작자가 조작하여 호응시키는 두 사물 간의 가치가 엄청나게 차이가 있다는 것을 알고 있다. 복잡한 도로에서는 리어카를 밀고 가는 상인이 자유롭긴 하겠지만 누구도 자동차를 버리지 않을 것이다. 무엇보다도 길거리의 상인을 제왕이라고 표현하는 것부터 어이없는 웃음거리이다.

이 시가 가치의 낙차를 통한 웃음의 유발이라면, 아래의 시는 동음이의의 말놀이를 통한 웃음의 유발이다.

금요일마다 오는 동네 뻥튀기 할아버지
반평생을 뻥 치다, 헛살았다고
느즈막에 진짜 뻥 튀기며 산다는 뻥 할아버지

귀 막고 살아보니 하늘이 잘 보이더라고
질곡의 모서리를 돌아온
회오리바람 같은,
30촉짜리 전구 같은 할아버지

낱알 귀한 줄 아는,
불화로 속에서 그 삶이 삭히고 발효되어
연기 속에서 부화하듯
낱알 튀는 순간
팝콘 같은 나비들이 빙 둘러서서 탄성을 질렀다
불빛 속에서 꽃들이 활짝 익었다

뻥이, 세상 읽는 경전이 되었다
—「뻥 할아버지」전문

금요일에 주기적으로 오는 뻥튀기 할아버지는 "반평생을 뻥 치"며 살았다고 한다. 젊어서 뻥을 치며 인생을 허비했던 그는 할아버지가 되어서야 "진짜 뺑"튀기 기계를 가지고 다니며 생계를 유지하며 산다. 인생의 질곡을 회오리바람같이 돌아온 할아버지의 삶은 "30촉 전구 같은" 희미한 삶으로 비유된다. 할아버지는 나이가 먹어서야 "낟알 귀한 줄" 알게 되고, 그 낟알이 불화로로 비유되는 마음속에서 삭히고 발효된 삶을 산다. 삶의 태도가 바뀐 할아버지의 삶은 피어나기 시작하는데 마치 팝콘이 "연기 속에서 부화하듯"이 활짝 핀다. 과거에는 그러지 않았지만, "낟알 귀한 줄"을 알게 되면서부터 팝콘 기계에서 팝콘이 활짝 터지듯 밝게 터지는 그의 삶. 시는 할아버지의 삶을 팝콘 터지는 모습으로 병치하면서 아름다운 비유를 탄생시킨다.

낙원 회복과
반문명 정신 — 지순 시집,
『누추한 평화』
(문학의전당, 2012)

1.

　　지순(1945~)의 시편들을 읽어가면서 사람은 태어나서 방황하다가 물거품처럼 사라지는 존재일지 모른다는 생각을 다시 하게 되었다. 왜 방황하는가. 그곳을 찾아가기 위해서다. 그런데 결국 그곳에 도달하지 못하고 죽는 게 인생이다. 그래서 인생은 한갓 허무한 꿈과 같다는 부생약몽(浮生若夢)이나, 하루살이 일생처럼 사람의 생애가 짧고 덧없음을 이르는 부유일생(蜉遊一生), 풀잎 끝에 맺힌 이슬처럼 매우 허망하고 세상이 덧없다는 초로인생(草露人生)이라고 하는지 모른다. 이렇게 비유되는 인생의 짧은 구간에서 지순은 "그곳으로 가는 길은 어디에 있는가/그곳으로 이끄는 힘은 어디에서 찾을 것인가/길을 잃지 않으려고 애를 쓰는 진흙처럼/아직도 나는 길 안에서, 길 밖에서 헤매고 있다"는 고백을 하고 있다.

지순이 찾아나서는 '그곳'은 '보물'로 암시되는 무엇이 있는 곳이다. 시 「보물」에서 화자는 "생은 평생 주름 잡는 것/깊은 생각 없이/깊은 생각의 전환도 없이 하늘과 땅 사이/보물을 찾아 늘 여기저기 헤매는 것"이라고 목표를 명확히 밝히고 있다. 그는 다시 "생은 밤을 새우며 글자를 타고 바다 건너/보물을 찾아서 여행을 다니는 것/공부를 하고 시를 쓰고, 책갈피 모래언덕에서/허우적거리는 것"이라는 인생론을 펼치고 있다.

지순이 말하는 '그곳'은 우리 인간이 평생 방황하다가 도달하지 못하는 곳일지 모른다. 인간은 원래 방황하는 존재이기 때문이다. 그러기에 방황을 멈추는 순간 인간은 죽는다. 죽은 인간만이 방황을 멈춘다는 말도 가능하다. 그러니 이러한 인생의 짧음과 방황을 탄식할 필요는 없다. 인생은 원래 그런 것이므로. 우리가 초대하지 않았어도 인생은 저 세상으로부터 찾아왔고, 허락하지 않아도 이 세상으로부터 떠나가는 것이므로. 지순은 이러한 인생의 이치를 어느 화사한 봄날 산벚나무 길을 걸으면서 체감한다.

　　서종면 산벚나무 꽃이 피고
　　꽃이 지고 있습니다
　　길 위에 꽃잎 흩날리듯
　　길 아래 꽃잎 떨어지듯 걷고 있습니다

　　연분홍 꽃그늘 아래

한 발 한 발 내 늙은 발자국이 찍힐 때
마음은 한 발작씩 고요해지고
몸은 화사해지고 있습니다

이제까지 본 산과 들, 걷던 길
만난 사람,
손 흔들어 보낸 오랜 봄들을 추억하며
흘러간 영화처럼 흩날리고 있습니다

화사하게 늙은
고요한 봄빛 흐드러진 지상에서 영원으로 떨어지는,
화살처럼 흐르는 분홍빛 시간을 삼키느라
얼얼한 입을 꼭 다문 채
꽃잎들은 말이 없습니다

서종면 산벚나무 꽃이 피고
연분홍 치맛자락 휘날리며 산벚나무 꽃이 지고 있습니다
만사로 흩날리고 싶은
아직 서둘지 않은 꽃잎은 둘레둘레 아쉬운
연분홍빛 허공을 흔들고 있습니다
—「서종면 산벚나무」 전문

화사하게 꽃이 만개한 산벚나무 길을 걷고 있는 화자의 모습이 선명하다. 꽃이 핀 지 오래된 꽃잎이 흩날리고 있다. 이 흩날리는 꽃잎에 화자는 자신의 생물학적 나이를 비유한다. 화자의 발걸음은 "꽃잎 떨어지듯 걷"는데, 화려했던 화자의 인생이 저물고 있다는 것을 암시한다. 1연의 암시는 2연에서 "내 늙은 발자국"으로 쉽게 드러난다. 생물학적 쇠락과 다르게 화자의 마음은 "한 발작씩 고요해지고/몸은 화사해지고 있"다. 생명 감정이 활발한 젊은 시절에 인간은 허기와 갈증, 성 홍분 따위의 욕구와 관련된 감정에 휩싸여 산다. 몸이 쇠락하면서 이러한 감정의 진폭은 줄어드는데, 마치 고요한 수면과 다르지 않을 것이다. 마음이 고요해지면 몸은 화사한 꽃잎으로 부활하는지도 모른다. 흩날리는 벚나무꽃잎처럼.

사람이 늙으면 추억을 먹고 산다고 한다. 추억이 많은 사람은 늙은 이들이 잘 걸리는 병인 탐욕이라는 병에 걸리지 않을 것이다. 시의 화자 역시 지금까지 자신이 만난 사람과 사물, 사건들을 추억하면서 길을 걷고 있다. 지난 과거들은 "화살처럼 흐르는 분홍빛 시간"들이었다. 그러나 지금은 "흘러간 영화처럼 흩날리"는 추억일 뿐이다. "화사하게 늙"어서 화사한 노후를 보내고 있는 화자지만, 심리적으로는 공허감이 남는다. 아쉬움도 남는다. 이러한 심리는 "만사로 흩날리고 싶은/아직 시들지 않은 꽃잎은 둘레둘레 아쉬운/연분홍빛 허공을 흔들고 있"다고 진술된다.

2.

지순이 말하는 '그곳'이라는 목표를 향해 방황하는 서정적 주인공은 시 「봄나물 한 접시」에 등장하는 '골다공증' 환자다. 현실의 "달콤한 맛 달콤한 말 달콤한 사랑"을 따라다니다가 얻은 질병이다.

골다공증이라는 병원의 진단을 받은 화자는 "봄나물 찾아 바람과 함께 들판을 헤"맨다. 자신의 몸이 무너진 다음에 우리가 만나고 싶어 하는 것은 "무릎 꿇고" "기어 다녀도 좋"을 자연이고 유년이다. 유년의 기억 속에는 할아버지와 아버지와 어머니와 동기간들이 있다. 이러한 인물들은 「약주 한잔이면」 「밤톨만 한 행복을 구워주는 시간」 「에밀레종」 「빗소리」 「소나무 가족」 등의 시에 출연한다.

일찍 저녁을 마친
겨울밤은 늦도록 홀로 밤을 굽는다
뒤집고 흔들고 뒤적거리며
익었나, 성급한 마음은 뜨거운 껍질을 벗겨보지만
껍질만 타고 속은 익지 않은 밤

밤이 익기를 기다리다
밤은 잠깐 졸았는데
구수한 냄새가 나서 눈을 떴다
밤이 조는 사이 불씨도 졸고
불씨가 마음을 놓고 조는 사이
언제나 느긋한 그가 밤을 구운 것

밤톨만 한 행복을 구워준다
그는 늦은 밤 홀로 졸고 있는 이를 위해
인두로 꺼져가는 불씨를 다독이며
자꾸 헛기침하는 화롯가에서 듣던

> 할아버지 옛날 얘기처럼 달콤하고 구수한
> 추억을 구워준다
> ―「밤톨만 한 행복을 구워주는 시간」 전문

군밤처럼 구수한 성인 동화 한 편이다. 성급한 나와 느긋한 그가 대비되고, 밤을 굽는 행위를 행복을 굽는 행위로 전이시킨다. 또 화자의 배우자로 추정되는 '그'를 통해 할아버지를 떠올린다. 밤을 굽다가 조는 사이에 구수한 냄새가 나서 일어나보니 "언제나 느긋한 그가 밤을 구운 것"이다. 창작자는 밤을 굽는 사건을 통해 행복을 이야기하고 있다. 그는 "밤톨만 한 행복을 구워"주는 사람이고 "할아버지의 옛날 얘기처럼 달콤하고 구수한/추억을 구워"주는 사람이다. 시는 어쩌면 이처럼 좋은 배우자 같은 존재일지 모른다. 유년의 기억과 현재를 교합하는 문장이고, 그렇게 하여 현재를 따뜻하고 행복하게 하는 낙원 회복의 문장일지 모른다.

지순의 시를 통해 우리는 아버지나 할아버지의 약주를 받으러 다녔던 기억을 떠올릴 수 있다. 대화 어법을 창작 방식으로 사용한 「약주 한잔이면」에서 화자는 "죄송해요. 할아버지/가신 그곳, 그곳이 고향이라면/그곳에도 약주가 있나요"라고 한다. 「에밀레종」은 돌아가신 어머니와 아버지에 대한 기억을 진술한 것이다. 어머니는 화자가 "열아홉 살" 때 돌아가셨고, 아버지는 "장대비 쏟아지던/여름날" 돌아가셨다. 이렇게 돌아가신 부모가 에밀레 종소리를 내며 "나를 울리"는 것이다.

「빗소리」는 의성을 적극 활용한 시다. 이 시에서 지순은 빗소리가 "어린 시절 기억의 집을 두드리네/유년의 정원에 내리던 빗줄기/장마

철 마루에 앉아 바라본 양철지붕 추녀에서" "운명의 리듬으로" "새싹 같은 마음을 두드렸"을 것이라고 한다. 그렇지만 "집안은 아늑한 둥지"로 기억한다. 그리고 화자인 "나를 키운 건 비였을까"하고 물음을 던진다.

「소나무 가족」은 사철 푸르고 화목한 소나무의 덕성에 가족을 비유하고 있다. 나뭇가지에 차례로 나는 가지의 순서에 자식들의 순서를 비유하고 있다. 한 나무에서 자란 가지라고 해서 똑같은 건 아니다. 크기와 모양이 다르고 생장 속도도 다르다. 어린 시절에는 서로 간에 "울고불고 바람 잘 날 없"이 크기도 할 것이다. 그러나 "각기 자리 잡은 위치와 성격의 방향이 알맞아/어울린 모습이" 보기에 좋을 뿐이다.

이 시집에서 지순이 찾는 '그곳'은 지금, 여기라는 현실에 있는지 모른다. 실제로 극락이나 천국을 지금-여기가 아닌 다른 데서 구하는 것은 어리석은 일일 것이다. 극락은 모든 일이 원만 구족하여 즐거움만 있고 괴로움은 없는 자유롭고 안락한 이상향이다. 그러나 현대 문명은 현실의 극락을 방해하거나 그 걸림돌이 되기도 한다.

행복해지고 싶지 않은 인간은 없다. 누구나 행복을 원한다. 그러나 행복을 위해 만든 문명에 인간이 갇히고 시달린다. 시 「첨단에 시달리다」처럼 "고슴도치 가시 같은 첨단의 촉각 곤두세우고/최첨단을 걸어가"느라고 "여기저기 아우성"을 지르는 아귀지옥이다. 문명의 첨단을 걷기 위해서 신문과 잡지를 매일매일 읽어내고 뉴스를 놓치지 않기 위해서 치러야 하는 피로를 견뎌야 한다. 문명 과잉, 정보 과잉 속에서 "하루해는 짧기만 하"다. 이런 첨단 정보를 놓쳐서 남들보다 뒤처질까봐 "좌불안석"이다.

3.

첨단을 구가하는 현대 자본주의는 대중들에게 과잉 소비를 강요한다. 대중은 자본이 계속해서 쏟아내는 상품 구매를 위한 돈을 벌기 위해 반복적인 노동으로 대부분의 시간을 보내고 있다. 그러니 바쁘지 않은 사람이 없다. 그래서 요즘 흔한 인사가 "안 바빠?"이다. 이런 시대에 대중의 손에는 항상 어떤 물건이 들려 있다. 왼손에는 가방, 오른손에는 스마트폰이 들려 있는 도시인의 모습을 쉽게 연상할 수 있을 것이다.

지순의 시 「기중기처럼」에서처럼 사람의 손에는 항상 무언가에 들려 있다. 대중들은 손에 무언가 들려 있어야 하고, 물건을 사들이는 데서 존재감을 갖는다. 외출을 할 때는 "수첩과 펜 열쇠와 전화기 지갑과 카드… 우산까지" 챙겨야 하고 돌아올 때는 시장이나 가게에서 산 물건이 들려 있다. 그러니 손안에 물건이 많을수록 악수를 제대로 하지 못하고, 포옹을 할 수 없는 것은 당연지사. 빈손과 맨몸인 것을 참을 수가 없는, 그래서 "팔은 늘 아프"고 "손은 늘 허전"한 것이 현대인이다. 소비 욕망에 사로잡힌 현대인은 고작해야 과소비를 통해 시 「편의점, buy the way」에서 보여주듯 "쓰레기봉투의 행복을 채"우다가 "쓰레기봉투 속에서 즐거운 내 길"을 잃을 뿐이다.

현대자본주의 문명에 갇힌 화자는 집안 청소를 하다가 "나는 일생을 집에 바친 것이 아닐까" 하는 의문에 이른다. 그렇다. 우리 사회는 집이 인생의 목적이 된 지 오래다. 사는 곳, 사는 집, 사는 집의 평수가 사람의 가치를 결정하는 사회다. 집이 공공재가 아닌 치부의 수단인 우리나라 사람들은 "집을 사고 꾸미"는 데 평생을 바친다. 평생 집을 위해 동분서주하는 이러한 사회를 하느님은 분명히 예쁘게 보시지만은 않을 것이다.

> 집안 청소를 하다가 창밖을 내다본다
> 저 바깥 들판에 사는 나무와 풀, 꽃들
> 집 없는 그들은 깨끗하고 향기롭지 않은가
>
> 집이 없는 그들은 바람처럼
> 구름처럼 한가롭고 여유 있어 보이는데
> 사냥개에 쫓기듯 쓸고 닦고 치우지 않으면
> 초조한,
> 금세 돼지 우릿간 되는 사람의 집
>
> ―「하느님 눈으로 보면」 부분

집이 없는 들판의 초목들은 집안에 사는 사람보다도 더 깨끗하고 향기롭다. 한가롭고 여유가 있다. 문명에 길들여진 사람들은 집을 "사냥개에서 쫓기듯 쓸고 닦고 치우지 않으면 초조한" 존재이다. 그렇지 않으면 "금세 돼지 우릿간"이 되는 "하느님 눈으로 보면 가장 더럽고 냄새나는 집"이 인간이 거주하는 집이다. 그래서 경전에 "하늘나라에서 더러운 곳은 사람 우릿간 같다 하리"라는 말씀까지 새겨진다. 들판에 사는 초목과 집에 사는 인간의 대비를 통해 평생을 집을 사고 꾸미는 노역에 묶인 현대 인간을 풍자한다.

또한 지순은 현대 문명의 주요 요소인 속도주의를 비판한다. 속도주의 사회에서는 남을 기다리거나 배려하는 여유가 없다. 그래서 "약속 장소를 찾지 못해/나 좀 늦더라도 기다려주었으면 좋겠네/꼭 올 거라고/한정 없이 나를 기다려주었으면 좋겠네"라고 한다. 그리고 "가끔 칼국수 한 그릇만큼의 여유를 시켜/나눠 먹고/커피숍에서 즐거운 비엔나커피라도/한잔해요, 하면 더없이 좋겠네/실수 연발의 나를 한없이 이해해주고"(「21세기에게」 부분)라며 느긋한 인간관계를 형성할 것을 제안한다.

속도주의 문명은 아파트와 아스팔트로 대변된다. "우리 아파트/아스팔트 지름길은 자동차 바퀴로 붐비네/느긋한 시간에 젖어 돌아가는/한가한 오솔길엔 흙이 있네"(「오솔길에는 꽃다운 벗이 있네」 부분)라고 한다. 화자는 문명을 상징하는 뙤약볕이 내려 쪼이는 아스팔트의 대로가 아니라 오솔길을 지향한다. 그 길에는 이끼가 피어 있고, 풀꽃이 피어 있고, 나무가 있고, 바람이 있고 하늘이 있다. 그런 오솔길 나무 그늘에서 푸른 카펫과 벨벳 방석을 깔아놓고 그늘이 피우는 꽃들과 놀고 싶어 한다. 결국 지순은 맑은 별들이 이사를 간 도심에서 떠나자는 내면의 목소리를 듣는다.

> 손바닥만 한 뿌연 하늘을 이고 있는
> 아파트 정원, 오솔길을 걸으면
> 소나무 느릅나무 느티나무 자작나무 칠엽수 대나무 매화…
> 나무들이 햇살에게, 햇살이 바람에게
> 속삭이는 소리 들리네
> 우리도 그곳으로 가자, 이사 이사 이사—
> ―「속삭임」 전문

정치권력의 변덕스러운 부동산 정책과 건설 자본의 탐욕, 최신 아파트의 번뜩이는 창문, 밤낮없이 불을 밝히는 도심의 밤은 "커튼으로 가려도 가려도" 인간의 일상을 훤히 들여다본다. 이러한 인간의 일상까지 포섭해버린 도심 문명에서 진저리가 난 지순. 그는 「나비를 찾아서」 연작을 통해 전국을 헤맨다. 그러나 그가 찾아나서는 것은 나비가 아니라 현대 문명에 갇혀 잃어버리고 굳어버린 자연적 생태적 감성이다. 이러한 감성은 초원으로 확장된다. 결국 지순은 문명의 급급함 조급함에서 탈출하여 광활한 초원을 활주할 것을 제안한다. 바로 아래 시를 통하여.

싱그러운 몽골의 초원 같은
풀밭 하나 집안에 들이고
근심하지 않는 푸른 초원으로 살고 싶거든
마음씨 좋은 풀밭 주인이 되십시오

마음씨 너른 집안에 거미줄 칠 때까지
오랫동안 집을 비우고
긴 여행길을 떠나 낯선 곳을 배회하다가 돌아와
쑥밭이 된 마당을 보면
집안이 어느새 푸른 초원이 됐군
하며 껄껄 웃는 차를 드십시오

풀 한포기 남기지 않고
모두 뽑아버려야 직성이 풀리는

초조함을 제압하고

초원을 달리는 말처럼

유목민처럼 들판을 달리는 무성한 풀의 조급함

용서하십시오, 백성을 사랑하는

너그러운 칸처럼

―「근심하지 않는 푸른 초원으로 살고 싶거든」 전문

동북아 삼국 제재와 서정의 확장

— 김금용 시집, 『핏줄은 따스하다, 아프다』 (문학세계사, 2014)

아마 한국 시단에서, 어쩌면 동북아시아나 세계의 시단에서 동북아시아 3개국의 서정적 경험을 한 권의 시집으로 묶어서 낸 시인은 김금용(1953~)이 처음일 것이다. 김금용 시인은 외교관인 남편과 수십 년간 외국 생활을 하다가 퇴직하여 이제 막 국내에 안착했다. 본 시집은 국내에 안착하기 이전에 살았던 일본의 경험 제제를 맨 앞으로 편집을 해놓고 있다. 아마 가장 최근의 경험이기 때문일 것이다. 그리고 중국, 한국 순서로 묶고 있다.

시골이나 도시에서도 맞붙어 있는 바로 이웃집과 경쟁과 싸움을 하듯이, 강을 사이에 두고 이웃한 한국과 중국, 바다를 사이에 두고 이웃한 한국과 일본은 늘 경쟁과 전쟁과 화해를 계속해왔다. 세 나라 사이의 경쟁과 전쟁과 화해는 두 나라가 사라지지 않는 한 피할 수 없는 지리적 운명일 것이다. 이러한 지리적 운명과 인간 생존의 원리를 이해할 때 한·중·일 관계를 좀 더 객관적으로 전망할 수 있을 것이다. 이를테면 일본의 자연이나 한국의 자연은 한가지이고, 한국인이나 일본인도 똑같은 인간이라는 생각을 하는 것이다. 이러한 보편적이고 균형자적 시각이어야 인간관계는 물론 국가 관계가 평화를 유지할 수 있을 것이다. 이러한 세계관은 김금용의 시에서도 발견된다.

일본이건 한국이건
산들도 혼자 떨어져 있긴 싫은 걸까
산끼리 어깨를 감싸고 선
히로시마 근교 산단교 골짜기에 들어서면
낯선 외지 사람이 왔다고
삼나무 숲이며 산길이 숨을 죽인다
발자국 내딛을 때마다
수줍은 고향 마을 아이들처럼
나무 뒤에서, 너럭바위 뒤에서
저들끼리 키드득거리느라고
가지 사이로 햇살 밟히는 소리
산 그림자 흔들리는 소리
귀가 먹먹하다

산새들이 모두 어디 숨었을까
도시의 온갖 구린 냄새와 자동차 소음을

끌고 들어온 나를 내치는 것일까
삼나무 뿌리를 휘감는 계곡물에
세족(洗足)부터 하라고
새들까지 일본인들처럼 숨죽여 지켜보는 것일까
계곡물 따라 걷고 또 걸어도
끝내 풀지 못하는 저들의 화두
오늘은 여기 계곡에 발 담고 손 씻으며
숨죽인 천뢰(天籟)에 귀 다 내놓고
저들의 속이야기 좀 들어야겠다
뿌리등걸에라도 앉아서 기다려봐야겠다
—「산단교(三段峽)에 들어서면」 전문

  화자는 일본 히로시마 근교의 산단교 골짜기를 여행 중이다. 산단교는 국립공원으로 폭포와 구름다리, 가을 단풍과 삼나무가 유명한 긴 협곡이다. 한국에서도 사람들이 트레킹 여행을 가는 것으로 알려져 있다. 화자는 시의 서두에서 "일본이건 한국이건/산들도 혼자 떨어져 있긴 싫은 걸까"라며 산단교의 정경을 주관화하여 진술한다. 우주적 지리적 시각으로 봤을 때 모든 사물의 원리와 인정은 똑같다는 것이다. 한국이나 일본에 있는 산들이, 사물이 똑같다는 만물동근(萬物同根)의 우주적 시각이 깔려 있다.
  그러나 인간이 자연을 대상화하면서 자연과 인간의 관계는 단절되었다. 인간은 자연을 개발 대상으로 보거나, 인간에게 무엇인가를 가져다주어야 하는 피지배의 존재로 인식하는 습관을 가지고 있다. 이런 관계에서는 자연과 인간은 서로 섞이는 소통의 관계가 아니다. 화자가 골짜기에 들었을 때 "낯선 외지 사람이 왔다고/삼나무 숲이며 산길이 숨을 죽"이고 있다.

화자는 자연과의 소통을 기다리다가 나무 뒤에서나 너럭바위 뒤에서 "수줍은 고향 마을 아이들"의 키득거리는 소리를 듣는다. 나뭇가지 사이로 햇살이 밟히는 소리를 듣고 산 그림자가 흔들리는 소리를 듣는다. 화자는 이 소리에 귀가 먹먹하다고 한다. 2연에서는 산새들이 어디에 숨어서 보이지 않는다고 한다. 새들이 숨은 이유는 도시에 사는 화자에게서 나는 구린 냄새와 자동차 소음 때문이라는 것. 화자는 새들이 "삼나무 뿌리를 휘감는 계곡물에/세족부터 하라고" 일부러 숨은 것으로 상상한다.

그런데 화자는 숨어서 자신을 보고 있을 새들을 생각하다가, 자신을 지켜보았던 일본인들과의 경험을 생각해낸다. 계곡을 걷고 걸어도 일본인들이 숲속의 새들처럼 숨죽여 지켜보는 이유를 풀지 못한다. 계곡에 손을 씻고, 천뢰에 귀를 내놓고 뿌리등걸에 앉아서 기다려봐야겠다고 다짐한다. 시인은 산단교라는 구체적 계곡 여행에서 깨달은 만물동근의 원리, 인간과 자연의 교감, 일본인을 이해하려 노력을 깊은 사유로 보여주고 있다.

김금용은 한국인이 이웃 나라인 일본에서 겪은 처참한 사례를 시로 진술한다. 60년 전 히로시마에서 원폭을 맞은 시아버지도 그 가운데 한 사람이다.

어젯밤 꿈에 기차가 찾아들었다
히로시마에서 원폭 맞은 시아버님을 싣고 왔다
살아생전 무심히 지나쳤던

아버님의 상처 입은 몸을 내게 맡기고 갔다
뉴욕과도 바꾸고 싶지 않다던 젊은 날의 얼굴로 오신 아버님,
60년이나 되서야 히로시마를 찾아든 남편에게
당신의 청춘, 해결 안 된 숙제를 부탁하시는 것일까
고름은 피가 되는 게 아니라던
몸속의 혹은 잘라내는 게 최선이라던 아버님 말씀,
독도와 위안부 문제로
민족의 상처를 들깨우는 2012년 8월,
일본은 군사대국이 되어서는 안 된다고
일본이 평화국가가 되지 않는 한
죽어도 눈 감을 수 없다던 시아버님께서
형형한 눈빛으로 날 찾아오셨다
6천 도의 지열에 덴 얼굴을 내게 돌리시고
저 생에서도 어둔 그늘에 가려진
축축한 몸을 주물러 달라고 하신다

―「8월 6일 꿈」 전문

  화자의 시아버지는 1945년 8월 6일 히로시마에서 원폭을 맞았고, 60년이 지나서 화자의 남편이자 원폭 맞은 시아버지의 아들이 히로시마 총영사로 근무를 하게 된다. 국경을 넘는 역사적 우연이고, 그곳이 세계 원폭의 이슈 생산지인 히로시마라는 점에서 세계사적인 우연이다. 아들인 히로시마 총영사에게 아버지가 기차를 타고 찾아온다. 꿈이다. 히로시마를 기차로 다시 방문하여 화자의 남편에게 "당신의 청춘, 해결 안 된 숙제를 부탁"한다. 시아버지는 화자에게 "일본은 군사

대국이 되어서는 안 된다고/일본이 평화국가라가 되지 않는 한/죽어도 눈 감을 수 없다"고 하였다. 6천 도의 지열에 얼굴을 덴 원폭의 직접적 피해자인 시아버지는 화자에게 "저 생에서도 어둔 그늘에 가려진/축축한 몸을 주물러 달라고" 주문을 한다.

「재일교포 3세, 조씨」는 일본에 불법 입국한 할아버지와 그 손자들이 겪는 외국살이의 고단함을 이야기하고 있다. 60년 전에 건너온 할아버지는 일본인으로 살지만 여전히 참정권이 주어지지 않고, 위조 여권을 만들어 다른 사람의 성을 빌려 살고, 아버지도 결혼을 했지만 여권을 만들 수 없기 때문에 차별을 받는 생활을 한다. 불법체류 강제추방 기한을 넘겨 조상의 성을 찾았지만 돌아갈 고국이 없다. 이들은 한일 관계가 나빠지면 같이 험한 시위에 몰리는 국적 없는 영원한 외국인의 삶이다. 「이국의 비」는 히로시마에서 비를 맞으며, 그 감회를 역사적 사건들과 엮어서 진술한 시다. 후쿠오카 감옥에서 죽은 시인 윤동주와 나가사키 군함도 탄광에 수몰된 조선 징용자가 맞는 비다. 그리고 2014년 현재 히로시마에서 화자가 맞는 비를 통해 역사와 현재를 비극적으로 형상하고 있다.

윤동주 시인이 후쿠오카 감옥에서 맞았던 비는
나라 잃은 국민이어서
도리 없이 무릎 꺾였던 쏩쓰레한 비

나가사키 군함도에 수몰된
장생 탄광에 수몰된
조선 징용자들이 맞던 비는

남의 바다를 떠돌며
검은 땀과 피에 검은 까마귀를 불러들인 검은 비

2014년 히로시마에서 내가 맞는 비는
외세 침입 한 번 없이 정부에 순종해온
한겨울에도 맨다리에 치마와 반바지로 등교하는
군대식 단체 규율과 질서에 눌린 냉랭한 비

—「이국의 비」 부분

인간은 자신의 생명을 보호하기 위해 민족과 국가라는 집단을 만들어 다른 집단과 생존이나 이익을 두고 경쟁한다. 이것이 격화되면 전쟁이 되는 것이다. 하지만 개인들은 수없이 국경을 넘나들며 개인의 생존을 꾀한다. 나라가 정치적·경제적으로 어려울 때 국경을 넘어 대거 이민을 하는 이유가 그것이다. 김금용의 「이국의 비」에서처럼 "내 땅 내 말이 아닌 채/일본선 재일교포로 중국에선 조선족으로/러시아에선 고려인으로 돌아갈 날을 기다리"고 있지만, 한번 옮겨 정착한 곳에서 주거지를 옮기란 쉽지 않다. 국경을 넘어서 옮기는 일은 더욱 어렵다. 그래서 그대로 집단을 이루어 문화를 보존하면서 산다.

조선족 명성마을에 과꽃이 피었습니다.
어머니 나라 사람들 온다고 신작로 만듭니다
과꽃을 심어놓고 목 빼고 손 흔듭니다
백 년간 지켜낸 조선말, 마침내 한국 동포 온다고
조선족 할머니 할아버지 과꽃이 되었습니다.

색색의 한복을 차려입고 과꽃이 되었습니다
가마솥에 찐 옥수수에 고구마를 바구니째 건네며
주름 그늘 깊게 패이도록 눈웃음 터트립니다
고추며 가지 상추를 심어놓은 울안 텃밭에도
무심한 두만강을 건너 고향 햇살이 넘칩니다.
시선만 마주쳐도 눈시울 젖는 두만강 유역에
한국어로 명성촌이라고 써놓은
이정표 앞에 과꽃이 사무치게 붉고 맑습니다
고구려 때부터 지켜낸 조선족 집성촌이
초가을 햇살까지 몰려들어
함께 과꽃인 양
버스가 떠난 뒤에도
제 색에 겨워 저들끼리 출렁입니다

―「과꽃 마을」 전문

    중국의 조선족 명성마을은 중국 동북의 흑룡강성 녕안시 강남향에 있는 조선족 마을이다. 인터넷 검색을 해보니 2013년 현재 3~4천 가구에 조선족 1만 명이 산다는 기록이 나온다. 시인의 남편이 심양의 총영사로 재직 시인 2010년 무렵 한옥 마을을 집중 개발했다. 이 조선족 마을 사람들이 "어머니 나라 사람들"이 온다고 신작로를 만들고 과꽃을 심으며 환대하는 모습이 눈에 선하다. 백 년 동안 지켜낸 조선의 말과 한복이 그대로 재현된다. 가마솥에 찐 옥수수와 고구마를 바구니째 건네는 풍습도 그대로다. 고추와 상추를 키우고, 두만강 건너의 햇살도 고향의 햇살과 다르지 않다. 한글로 명성촌이라고 쓴 이정표도, 화단에서 만나는 과꽃도 사무치게 붉고 맑다. 물론 이곳은 고구려 때부터 살아온 조선족 집성촌이다. 화자는 명성촌을 방문하면서 본 정경을 단순한 서술 어법의 짧은 문장으로 진술하고 있다. 그러다가 마지막 부분에 와서야 방문의 감회를 "초가을 햇살까지 몰려들어/함께 과꽃인 양/버스가 떠난 뒤에도/제 색에 겨워 저들끼리 출렁"인다고 한다.

> 서탑엘 간다
> 중국 동북의 수도 심양시 서탑 거리를 간다
> 7, 80년대식 카바레에
> 역전 식당식 간판이 요란한 서탑엘 간다
> 고구려 땅이었다가
> 독립군 활동이 뜨겁던 봉천(奉川)이었다가
> 모국은 한국이나 조국은 중국인 조선족 거리에
> 북한 사람과 탈북자까지
> 뒤섞인 한국 교민의 거리
> 서탑엘 간다
>
> 한국의 역사가 백제원, 신라성, 고려원, 이조가든으로 나붙은 거리
> 북한의 모란각, 평양관, 동묘향관이 나란히 선 거리
> 신사임당떡집, 가야원떡집, 남원추어탕집, 전주집도 모자라
> 서울가마솥, 수원갈비, 황해노래방, 부산사우나가 다 모인 거리
> 모국어 하나면 다 통하면서도
> 중국인 척, 한국인인 척, 조선족인 척,

북한인은 모른 척 아닌 척
　　어깨를 스치다가도 된장국 한 그릇에 맘을 여는 거리
　　다른 나라 이름을 멍에로 달고
　　패인 웅덩이마다 회한이 봄비로 질척이는 거리
　　한국어가 국경선 도시 단동 앞 압록강 너머
　　신의주 너머 3.8선 너머
　　고구려 바람에 이끌려 뒤엉키는
　　중국 속의 한민족의 거리,
　　서탑엘 간다

　　　　　　　　　　　　　―「서탑 거리」 전문

　화자는 중국 심양에 있는 서탑 거리에 가면서 한국의 7, 80년대식 카바레와 역전 식당식 간판이 요란한 상가를 만난다. 이곳 서탑은 한때는 고구려 땅이었고, 독립군 활동의 본거지인 봉천이었고, 모국은 한국이나 조국은 중국인 조선족의 거리라는 정보를 시를 통해 준다. 북한 사람과 탈북자까지 뒤섞인 한국 교민의 거리다. 이곳에 나붙은 간판들은 한국 역사와 관련이 있고, 현재 남북한의 지명과 유명한 음식들을 간판으로 달고 있다. 여기서 화자가 말하고자 하는 것은 "모국어 하나면 다 통하면서도/중국인인 척, 한국인인 척, 조선족인 척" 하는 태도들이다. 결국 서탑 거리는 "다른 나라 이름을 멍에로 달고/패인 웅덩이마다 회한이 봄비로 질척이는 거리"라는 비애감이 드는 공간이다. 이 중국 속의 한민족 거리 서탑에서 화자는 민족은 하나이나 나라가 다른 비애를 속도감 있는 문체로 진술한다.
　김금용은 중국의 경험을 민족이나 조국과 연관시키지 않고, 경험 대상을 시인의 감성으로 채취하기도 한다. 누구나 민족이나 조국 이전에 인간 개인의 취향과 정서적 감회가 있는 것이다. 그 가운데 「산음을 지나며」라는 시가 있는 데, 정경을 묘사하는 문장이 유려한 수작이다.

> 산 그림자 길어
> 봄이 한창 늦은 산음(山陰)마을
> 잔설이 발목을 잡아
> 빠져나가는 길이 고되다
> 오죽하면 도연명의 출운(出雲)을 마을 어귀에 걸어놓고
> 지나는 이의 마음을 붙잡을까
> 아랫마을은 모가지 채 떨어지는 동백이
> 온 숲을 붉게 물들이고 있는데
> 여전히 눈 덮인 산음마을의 지붕들은, 길은,
> 미련 많은 산골 여인네를 닮았는지 자꾸 붙잡는다
> 봄비도 그 마음 어찌 알고
> 산길 돌아서기 전부터 뒤따라오며 길을 지운다
> 해는 짧아 산새 날갯짓 소리까지 멈춰버린 산음마을
> 봄비 앞세워 떠나가는 이와
> 돌아올 당신을 챙기는
> 산그늘 길게 굽은 산길이
> 참 더디고 깊다
>
> ―「산음을 지나며」 전문

이 시의 소재인 산음은 원래 중국 절강성 소흥에 있는 지명이다. 서

에 공부를 할 때 왕희지의 『난정서』를 임서할 때 나오는 지명이다. 거기는 남송의 문인 육우가 태어난 곳이기도 하다. 육우는 많은 산문과 1만여 편의 시를 남겼다고 한다. 간단하고 솔직한 표현과 사실주의적 묘사로 당시 고상하고 암시적인 시풍과 다른 시를 써서 명성을 얻었다. 시에서 뜨거운 애국심을 표현하여 지금까지 중국의 애국 시인으로 불린다. 직언을 잘하여 벼슬이 높이 오르지 못하자 사임을 하고 고향인 산음에서 도연명의 시를 읽으면서 전원 생활을 예찬하는 시를 썼다고 한다.

화자는 잔설이 남은 봄, 중국의 명사들이 시를 짓고 눈이 오는 풍경을 그린 유명한 산음을 패러디한 일본 산골 지역을 지나고 있다. 따라서 시에서부터 서화까지 중국의 문화가 집적된 중국의 산음을 떠올리며 정경의 감회를 읊는 화자의 심경도 문장 곳곳에 유장하게 배어 있다. 비록 일본 산골이지만, 도연명의 시를 걸어놓고 마음을 붙잡고, 동백꽃과 마을의 집과 길도 여행객을 붙잡는다. 봄비도 길을 지운다. 이러한 길을 지나오는 화자의 걸음은 더디고 더딜 뿐이다.

한국에서의 시편들 가운데 「오월의 숲에 들면」은 "까치발로 뛰어다니는 딱따구리 아기 새들/까르르 뒤로 넘어지는 여린 버드나무 잎새들/얕은 바람결에도 어지러운 듯/어깨로 목덜미로 쓰러지는 산딸나무 꽃잎들"이 풍성한 오월의 풍경을 경쾌하게 진술하고 있다. 결국 화자는 오월의 황홀하고 광휘로운 숲에 들어 "몽롱하여라/여울져라/구름밭을 뒹굴다 둥근 얼굴이 되는/오월의 숲엘 들어서면"이라고 환호한다. 「여울을 끓이는 소리」는 소죽을 끓이는 할아버지와 할머니, 누렁소가 있는 시골집의 정경을 소담하게 그리고 있다. 「둥근 빛」은 지하철 계단에서 더덕을 다듬어 파는 할머니를 통해 "참 둥"근 삶을 발견한다. 오월의 숲에서 보여주는 활달한 환호나 시골 정경에서 보여주는 소박한 소통, 할머니의 고요하고 원만한 행위 진술에서 시인의 다양한 자아를 발견할 수 있다. 「비빔밥론」은 김금용의 또 다른 통섭과 광대무변의 자아를 확인할 수 있는 시편이다.

> 프라이팬에 물 한 잔 놓고 점심을 먹는다
> 창틈으로 비껴드는 바람밖엔
> 재잘거리는 소리 전혀 들리지 않는
> 침묵만 가득한 오후 세 시에 비빔밥을 먹는다
> 밥통에서 노랗게 변해가는 잡곡밥과
> 명절에 남은 콩나물에 고사리, 취나물을
> 된장국물과 김치 섞어 비비다가
> 마른 김 몇 장과 볶은 깨, 참기름 약간 두르면
> 비행기 기내음식으로 외국인도 환영한다는
> 문지방 사라진 웰빙 음식이 탄생한다
> 클래식과 뽕짝의 경계를 허물고
> 시와 산문, 그림과 사진 영화의 경계를 허물고
> 나이와 국경, 性의 구분까지 허물고
> 눈빛 하나로 사랑하고 사랑받는 자유의지 아래
> 이념도 목적도 필요 없는 디지털 문화를 만든다
> 정해진 요리법이며 트릭도 맛내기도 필요 없는
> 나만의 식사, 나만의 허락된 존재와 몽상을 비빈다
> 허공까지 빡빡 긁어 꿈을 먹는다
>
> ―「비빔밥론」 전문

비빔밥은 한국을 대표하는 음식 가운데 하나이다. 그릇에 재료를 몰아넣고 섞으니 간편하고 재료도 야채 중심이어서 최근에 유행하는 웰빙 식단에도 그만이다. 화자는 프라이팬에 물 한 잔을 놓고 점심에 비빔밥을 만들어 먹는 중이다. 그것도 오후 3시에 먹는 늦은 점심이다. 밥을 한 지가 오래되어 노랗게 변해가는 잡곡밥과 명절에 남은 나물 음식, 그리고 여러 가지를 섞어서 비비다가 "비행기 기내음식으로 외국인도 환영한다는" 것을 기억해낸다.

상상은 여기서 멈추지 않는다. 외국인이 국경을 넘어서 좋아하는 것을 클래식과 뽕짝의 경계, 시와 산문의 경계, 그림과 사진 등 예술의 경계 허물기까지 상상을 확대한다. 거기서 나이와 성의 경계 허물기까지 치닫는다. 결국은 정해진 요리법과 맛내기도 없는 무경계의 비빔밥 요리 방식은 "나만의 식사, 나만의 허락된 존재와 몽상을 비비는" 데까지 이른다. 시인은 비빔밥을 먹던 경험을 상상으로 확대하여 예술의 양식과 국경, 이념의 경계 허물기까지 확장시키고 있다. 끝내는 허공까지 긁어서 섞겠다니 상상이 무변의 경계까지 이른다.

누구나 경험한 만큼의 제재와 사유한 만큼의 세계를 시로 쓰지만, 지금까지 중국·한국·일본 세 나라에서 다년간 거주하며 그 경험을 한 권의 시집으로 낸 사람은 김금용 시인이 처음일 것이다. 그런 의미에서 김금용의 이번 시집은 한국문학사는 물론 동북아문학사, 세계문학사에서 처음을 기록할 것이다.

그런데 이 시집이 갖는 더 큰 의미는 동북아시아 3개국의 서정적 경험을 한 권의 시집으로 묶었다는 것 외에 한국 시단에 서정의 범위를 확장했다는 것이다. 개인 신변 위주의 시시콜콜한 일상에 관한 잡담이나 정제되지 않은 욕망을 이해 불가한 잡담으로 쏟아내는 한국 시단에 김금용의 시는 동북아 3국의 경험을 제재로 채택하여 서정 범위를 확장했다는 의미를 갖는다.

경쾌한 어법과 발랄한 상상의 언술

— 김정인 시집, 『남탕으로 가는 여자』
(시인정신, 2015)

　　김정인(1966~)의 시집 원고를 읽어가면서, 그동안 시 읽기의 경쾌함을 가져다주는 시인이 누구였던가를 생각하는 시간을 갖게 되었다. 금방 생각나지 않았다. 드물다는 얘기다. 한국시의 제제들이 인생의 소외와 실패와 감회를 느리고 알기 어려운 문장으로 읊는 것이 대부분이었고, 이로 말미암아 시인들의 운명도 그렇게 되어가지 않았나 하는 생각이 들어서 내내 씁쓸하였다. 그래서 우리 시인들이 지금 놓치고 있는 부분들이 이런 경쾌한 시쓰기의 영역이 아닌가 하는 생각을 오래 하게 되었다.
　　물론 시는 인생을 고백하는 것이고, 인생이라는 것이 즐거움만 있는 것은 아닐 것이다. 사는 만큼 온갖 시련과 실패와 모욕도 함께 따른다. 자신과 관계된 가족이 있고, 가족에서 확장된 사회가 있다. 그리고 그것을 넘어서는 형이상의 자아가 있다. 아무튼 이런 복잡한 관계를 통과해가면서 일어나는 서정적 충동을 기록하는 것이 시가 아닌가 하는 생각이 든다. 이런 김정인의 개인사에 대한 서정적 충동의 기록인 시들을 살펴보면 우리 문단이 잃어버리고 있는 경쾌한 어법을 구사하고, 발랄한 상상으로 자아를 찾아가며, 이런 언술 방식의 자장 안에서 자전적인 가족 일화를 가족애로 형상하고, 사물에 대한 육체적 비유와 자본화된 일상을 살아가는 도시 문명과 사회현상에 대한 이지적 비판을 하고 있다.

이를테면 김정인의 시 가운데 「유월 나비」는 경쾌한 어법의 절창인데, 생활에서 제재를 끌어왔으면서도 표현이 재미있고 내용이 밝다.

두터운 벨벳 커튼을 걷어내고
연노랑 꽃무늬 흰 레이스 커튼으로 바꿔 걸었다
꽃핀으로 양쪽 귀퉁이를 살짝
집어 올렸더니
한 마리의 큰 나비가 생겼다

팔락거리는 날개 사이로
하늘과 매실나무, 대추나무, 칡넝쿨까지
한눈에 들어왔다

살짝 창을 열었다
꼬리치는 살랑바람이

데리고 온 새소리
호로록 짹짹째잭 라포록 라포록
자리다툼을 하는 새들로
방안까지 시끌벅적하다

뜻밖의 나비가 데려와 그린 풍경
유월 아침 식탁에 초대된 손님들이다

―「유월 나비」 전문

계절이 바뀌면서 커튼을 바꾸어 다는 생활일상에서 제재를 채집한 시다. 독자는 가정주부로 상정되는 주인공의 속도감 있는 행위를 따라가다가 갑자기 "한 마리의 큰 나비"를 만나는 정서적 충격을 받게 된다. 이런 충격을 통해 독자가 느끼는 즐거움은 이미 독자들이 경험한 나비 모양의 커튼을 시인이 언어로 발견하여 '나비'라고 형상하였기 때문이다. 시가 발명이라기보다는 발견이라는 이유가 여기에 있다. 1연은 커튼을 바꾸어 다는 행위이다. 두껍고 무거운 겨울 커튼을 얇고 가벼운 봄 커튼으로 바꾸어 달고 양쪽 모서리를 꽃핀으로 집어 올렸더니 나비가 생겼다는 것이다. 연노랑 꽃무늬와 꽃핀, 나비가 봄의 심상을 가져다준다. 2연에서는 아예 나비로 상정된 날개 사이로 밖의 풍경이 창 안으로 들어오고, 3연에서 창문을 조금 여니까 바람과 새소리가 방안으로 들어와서 시끄럽다는 것이다. 결국 이런 풍경과 상황은 시인이 발견하여 형상한 나비 때문이다. 커튼에서 발상한 나비라는 형상물이 봄의 풍경들을 식탁에 들어온 것이다. 이 전개가 빠르고 밝고 환하고 명징한 심상의 전개는 최근 문단에서 만나기 어러운 수작이라고 하겠다.

여자라서 결혼하고 아이 낳고
아줌마가 될 거라고?
맞아! 여자라서
딸 둘의 엄마가 됐어

인생살이가 다 똑같다고?
아니 난 달라

마흔아홉 되던 봄 머리를 짧게 잘랐고
보라색 염색을 했지
새치 머리엔 꼭 검은 염색이라는 공식은 없거든

핫팬츠에 롱부츠를 신고
힙합을 흥얼거리며 시장엘 가지

사람들 내 뒷모습 그림자까지
스캔하느라 바쁨

먹고 싶은 수박과 귤을 샀지
수박은 여름에 먹어야 하고
귤은 겨울에 사야 한다는 생각은
깨진 지 오래잖아

딸아이를 데리러 학교엘 갔지

잰걸음으로 앞서가 차에 타는 우리 딸
볼멘소리로
다른 엄마들처럼 아줌마같이 하고 다니란다

요즘 아이들 말로 헐!
찢어진 청바지에 구멍 난 티셔츠 입었다고
내가 아줌마가 아니고 아가씨인가

세상살이 같지 않고
사람 모양도 제작기인 세상에
사차원이면 어때
나답게 사는 게 내 삶의 방정식

—「돌연변이」 전문

　우선 이 시는 쉬운 문답 방식을 시에 적용하고 있다. 1연의 전반부에서 묻고, 후반부에서 대답을 하는 방식이다. 대답 방식도 다변화된다. 1연에서는 물음에 긍정을 하지만, 2연에서는 물음에 부정을 한다. 결혼한 아줌마들이라도 사는 방식은 다르다는 것이다. 3년 이하는 어떻게 다르게 살고 있는가를 진술하고 있다. 마흔아홉에 머리를 짧게 자르고 염색을 하고 핫팬츠에 롱부츠를 신고 힙합을 홍얼거리며 시장에 갔다는 것이다. 보통의 주부 같으면 사서 먹기 어려운 제철 과일이 아닌 과일을 스스로 먹고 싶어서 사고, 겨울에 귤을 사야 한다는 생각이 깨진 지 오래라며, 관습화된 '아줌마 삶'의 방식도 바꾸어야 한다는 것을 은유하고 있다. 그러나 관습을 벗어나는 행동을 하면 눈총을 받게 된다. 먼저 가까이 사는 딸부터 다른 엄마들처럼 옷차림 몸차림을 하고 다니라는 볼멘소리를 한다. 그러자 주인공은 반격한다. "찢어진 청바지에 구멍 난 티셔츠 입었다고/내가 아줌마가 아니"냐고. 사람들이 모두 제각각이고 다르게 사는 것처럼, "나답게 사는 게" 가장 좋다는 주장을 하고 있다. 문답 방식, 긍정과 부정, 대화 어법으로 시를 재미있고 발랄하게 끌어가고 있으며, 나답게 살아야 한다는 의미를 독자들에게 선사하고 있다.

  김정인의 시에는 가족의 일화를 담은 시들이 여럿 보이고, 대부분이 시적 형상에 성공하고 있다. 현재 남편과의 일화를 시로 형상한 「그때 그 남자」는 연애의 과정과 현재의 모습을 재치 있게 진술한다.

    변죽 좋은 말솜씨에
    헤벌쭉 웃지만 않았어도

    커피숍에서 영화 본 이야기가
    길어지지만 않았어도

    막차를 놓치지만 않았어도
    따라가지 않았을 텐데

    성인식을 막 지난 스물 그땐
    사랑한다는 말 하나에 전부를 던질 나이잖아

굿샷, 하늘 높이 날아가는
그때 그 남자

늦도록 안방에서 코를 고는 저 남자
오십에 배가 나온 무뚝뚝한 저 남자
흰 머리칼 잔주름 늘어가는 저 남자

그때 그 남자의 해장국 끓여두고
방문을 넘어가는 콧소리
'여봉, 일어나세용'

―「그때 그 남자」 전문

1~5연은 결혼하기 전 상황이다. 시적 화자인 주인공이 남편을 만나서 얽히고 반해서 결혼에 이르는 이야기다. 그런 남편의 현재는 안방에서 코를 골거나 오십에 배가 나와서 무뚝뚝하고 흰 머리칼과 잔주름이 나 있다. 이게 현실이고 현재인 것이다. 그러나 이런 현재를 화자는 비하하거나 부정하지 않고 긍정적으로 받아들인다. 또 하나의 김정인만이 갖는 매력이다.

시「대들보」에서는 남편을 든든한 대들보에 비유한다. 가게의 지붕을 받치고 서 있는, 따뜻하고 자신에게 엄격하고 빈틈없는 남편은 대들보와 같다. 그러나 화자는 "언제까지라도 든든한 대들보인줄 알던 그가/한순간 무너질 수도 있겠다는 생각에/가슴 한구석이 철렁 내려앉는" 경험을 하게 된다. 화자가 "못된 성질부릴 땐 말없이 무르팍을 내주며/내 발길질 마다않고 참아준 그/단 한 번 나무라는 일 없이 그

저 다독여만 주는" 남편이었지만, 어느 날 "그의 한쪽 어깨가 기울어지고 있는" 것을 본 것이다.

그의 다른 시 「괴동역」에는 아버지가 등장한다. 괴동역은 포항제철에 필요한 원료나 자재를 실어나르는 역이다. 그 역은 "바랜 역사의 풍경 사진 몇 장과/진열된 안전모와 장비들만 덩그러니/출구 없는 대합실을 지킬 뿐/매표창구는 한 번도 열린 적이 없"는 것처럼 사람보다는 물자를 수송하는 역이다. 그 역의 "선로 한켠,/아버지의 30여 년 출근부를 책임졌던/241983호 통근 열차가/녹슨 괴동선을 잡고 우두커니 서 있다"고 하는 것을 보면, 화자의 아버지가 그 열차를 타고 30여 년을 출퇴근했음을 알 수 있다. 괴동역이라는 오래되고 녹슨 역에서, 통근열차로 출퇴근하던 아버지의 모습을 회상하는 방식이 사물과 적실하게 조응을 하면서 잔잔한 공감을 형성한다.

「형산강」 역시 아버지를 회억하여 쓴 것이다. 자전거를 타고 포항체철소로 출근하는 노동자들의 모습과 주변 풍경, 그리고 퇴근 후에 포장마차에서 한잔하는 사람들의 풍경이 그려진다. 늦도록 술을 마시는 아버지를 기다리는 모녀의 풍경이 "대문 밖을 서성이던 어머니/어린 나를 앞세우고 강둑으로 나선다"로 형상된다. 화자는 "강둑을 휘청휘청 걸으시던 아버지"가 다니던 둔치를 자전거를 타고 가면서 아버지를 회상한다.

김정인의 시에는 화자가 자신의 몸을 바라보고 관찰하는 시들이 많다. 인생의 지문인 몸을 통해 세상을 바라보고 은유하는 것이다. 「갱년기」라는 시를 보자. 이 진술의 기법 역시 경쾌하고 발랄하여 읽는 데 재미있다.

장마 끝자락에 가는 비가 내린다

시원한 수박 한 조각 먹고
땀난 얼굴 수건으로 닦았다
에어컨을 켰다 껐다 창문을 열었다 닫았다
거실에 누워 빗소리 듣는다

베란다 수납장을 깨워
입사 10주년 기념 수저 세트, 약탕기, 스텐 그릇, 아이들 도시락
동네마트 개업 소쿠리,
친정집에서 가져온 김치 통까지
살림살이의 게으른 이력이 고스란히 나오는
세간을 다 정리하고도 모자라
버킷리스트를 생각한다

술집에 노래방을 거쳐온 남편의 코고는 소리
이불을 들썩거리고
어제와 오늘의 경계가 모호한 밤이
나를 벗삼아 놀자는데
후끈 더웠다 으슬으슬 추웠다
식은땀만 가는 빗줄기를 세고

—「갱년기」 전문

여성 갱년기의 증상을 시로 형상하고 있다. 더웠다가 춥고, 오래된

수납장을 뒤져 사용 안 한 지 오래된 주방 도구들을 정리하기도 한다. 아내의 이런 증상을 알아차리지도 못하는 남편은 술집과 노래방을 거쳐 집에 들어와서 코를 골고 잠을 잘 뿐이다.

시인은 담배인 'ESSE'를 몸으로 비유하기도 한다. 에로틱 기법이다. 이런 비유는 독자에게 호기심을 주어 가독성을 높여준다. 역시 재미있다.

나만큼 사랑받는 여자 있을까 몰라
몸에서 한시도 때놓지 못하는 남자

일할 때도 손을 잡고 있어야 하고
모임에도 꼭 데려가 상석에 앉혀주지

혼자 있을 땐
잘근잘근 깨물기도 하면서
매일 키스해주는 남자

―「ESSE」부분

이렇게 시적 대상을 은유하고 유희하는 능력이 김정인에겐 있다. 남자들의 기호품인 담배를 여성에 비유하고, 남자가 기호품을 아끼는 정도를 여자를 사랑하는 행위에 비유한다. 시는 시인의 의도를 전달하기 위해서 태어나기도 하지만 이런 유희 동기에서 발생할 수도 있다. 원래 시가 놀이에 사용되는 노래 가사였다는 것을 보면, 시에는 원래 이런 유희 동기가 있었을 것이다. 그리고 현재의 시인들이 김정인과 같은 유희 방식으로 실현하고 있는 것이다.

김정인의 시에는 현대 문명에 대한 이지적인 비판의 시선이 있다. 비판은 문학의 고유 기능 가운데 하나이기도 하다. 「큐브를 맞추다」라는 시에서는 현대자본주의의 생산방식에 갇혀 사는 커리어우먼의 비극을 읽을 수 있다.

순응만이 공식인
그녀의 지구는 네모다

아파트, 사무실, 백화점, 스마트폰…
네모의 벽과 벽 사이를 정신없이 돌아다니는
반복 일상의 진단은 만성어지럼증

흰색이 최선이다 싶지만
꺾인 모퉁이를 돌면 빨강 노랑 파랑으로
얼키설키 얼룩지는 생의 기슭
쑥국새 울음과 보리밭
별자리와 빗소리도 까맣게 지워버린
네모의 얼룩에 마음을 달아본다

알고 보면 무지 쉬운 거라고
큐브 달인이 된 아이의 혼잣말에
고개 끄덕이며
경쾌한 리듬을 되살려

다시 네모 속으로 들어가는

그녀는 커리어우먼

—「큐브를 맞추다」 전문

현대는 자본의 생산방식에 순응하지 않으면 살아가기 어려운 게 현실이다. 축적된 자본은 도시 문명을 형성하여 소비를 촉진시켜 이익을 얻고, 이익은 다시 다른 생산수단을 만드는 데 사용하거나 소비재를 만들어 무한한 이익을 얻고 있다. 소비에 중독된 인간은 소비를 위해 몸을 혹사하며 돈을 구하느라 인간적인 품성을 잃어버리게 된다. 인간의 품성이란 좀 더 자연 친화적이고 자유로운 생활 방식과 사유를 구가하며 사는 것일 것이다. 그러나 자본에 갇힌 인간은 자연 친화적이고 자유로운 생활 방식과 사유를 구가할 수 없다. 항상 돈에 꽂혀 있다. 돈 중심의 사고를 하게 한다. 자본이 쳐놓은 그물에 걸린 인간은 바로 '네모'의 각진 세상에서 날카롭게 경쟁하며 사는 것이다. 네모는 그런 현대 문명의 상징이다. 이 네모에 갇혀 평생을 돈을 벌고 그것을 소비하다가 일생을 탕진하는 게 자본주의 삶의 방식이다. 화자는 "아파트, 사무실, 백화점, 스마트폰…/네모의 벽과 벽 사이를 정신없이 돌아다니"느라 "만성어지럼증"에 걸린 커리어우먼이다. 어떤 측면에서 커리어우먼이라는 말조차도 자본이 여성을 가정에서 공장으로 끌어내기 위해 만든 이데올로기일지도 모른다. 커리어우먼이라는 허상에 잡혀 노동에 투입된 여성은 대부분 투입하는 시간에 비해 차별적 저임금으로 일하면서 고유한 가정의 기능인 육아나 안전하고 영양이 풍부한 가정의 식단을 포기한다. 포기한 육아나 식단은 밖에서 돈을 주고 해결해야 하므로 그 이익은 다시 자본에게 돌아간다. 이렇게 "쑥국새 울음과 보리밭/별자리와 빗소리도 까맣게 지워버린" 삶을 살아가는 커리어우먼의 일상은 얼룩진 삶일 뿐이다.

　김정인의 시는 우리 문단이 잃어버리고 있는 경쾌한 어법을 구사하고, 발랄한 상상을 통해 자아를 찾아가는 방식도 남다르게 경쾌하다. 이러한 언술 방식을 기본으로 자전적인 가족 일화를 가족애로 형상하고, 사물에 대한 육체적 비유와 자본화된 일상을 살아가는 도시 문명과 사회현상에 대한 이지적 비판을 잃지 않고 있다. 시의 고유한 특성과 목적을 나름의 방식으로 개진해가는 그의 시가 창성하길 바란다.

제3부

생활 제재의 비극화와 회고적 상상

— 문숙 시집, 『단추』
(천년의시작, 2009)

1.

문숙(1961~)의 시는 간명한 표현과 해독 가능한 쉬운 내용을 특징으로 한다. 최근 문단에 발표되는 난해하거나 번잡한, 기괴한 표현이 문숙 시에는 거의 나타나지 않는다. 그는 뜻이 통하는 표현이 중요하다는, 수식보다 진실이 더 우선이라는 전통 시관을 따르고 있는 것이다.

그래서 문숙 시는 제재의 유형화나 계열화가 쉽다. 창작자가 강조하는 가치의 중심과 지향성을 어렵지 않게 눈치챌 수 있다. 이러한 시는 독자에게 긴장과 재미를 반감시키지만 창작자가 일관된 세계관을 유지하고 있다는 믿음을 갖게 한다.

그의 시에서 가장 먼저 유형화, 계열화하고 싶다는 충동을 일으킨 것은 일상생활 제재의 시들이다. 주부의 생활일상을 제재로 채용한 시들이 거의 시적 성공을 거두고 있다. 생활일상 가까이 있는 사물을 대상으로 하여 체험과 느낌을 강조하는 창작 태도다.

>손이 빠져나간 홀쭉한 장갑
>장독 위에 걸쳐 있다
>모든 움직임은 멎은 지 오래
>누군가의 빛바랜 껍질
>텅 빈 몸을 만져본다
>빛은 독이었다
>탱탱하던 전신이 찐득하다
>한 사람을 기억하며 보낸 세월
>그만 자신을 허물고 싶은 걸까
>쩍쩍 달라붙어 놓지 않는다
>제 살점을 헐어
>여기저기 붉은 지문을 찍고 있다
>물기에 젖어 산 날보다
>버려져 말라간 날의 고통을 말하고 있다
>　　　　　　　　　　—「늙은 고무장갑」 전문

모두 14행의 이 시가 시성을 획득하는 것은 설명이나 설득, 논증 형식의 일상적 언술이 아니라는 데 있다. 낡은 고무장갑에 대한 구체적 인상을 감각적이고 객관적으로 묘사하여 시 읽기의 즐거움을 주고 있기 때문이다. 문숙의 이러한 생활 제재 계열의 시들은 견딜 수 없이 난잡하고 혼란하고 지겹고 싱거운 시단에서 오랜만에 만나는 청량한 바람과 같아 즐겁다.

이 시에서 화자는 관찰자다. 주체는 고무장갑이지만 대상과 거리를 두고 관찰하는 관찰자 서술인 것이다. 누가 고무장갑을 벗어놓은 것이 아니라, 고무장갑에서 "손이 빠져나"갔다는 첫 행부터 시성을 획득하고 있다. 일상에서도 주체이면서 시에서도 주체가 되는 뻔한 진술은 독자의 관심을 끌지 못한다. 일상에서는 손이 주체이나 시에서는 장갑이 주체다. 손이 빠져나간 채 장독 위에 오래 얹혀 있는 고무장갑은 빛이 바랜다. 이 빛이 바랜 고무장갑을 "누군가의 빛바랜 껍질"이며 "텅 빈 몸"이라며 인격화를 하고 있다.

6행에서 화자는 고무장갑에게 "빛은 독"이라고 단언한다. 상식적으로 빛이 독이 될 수는 없다. 빛은 물, 공기와 함께 생명의 기본 요소이다. 그러므로 이는 상식의 위반이다. 그래서 시 읽기의 충격이 있다. 물론 탄성을 유지해야 하는 고무류의 화학제품은 빛이 독이라는 게 일반 상식이다. 그럼에도 독자가 고무장갑에게 햇빛이 나쁘다는 상식적 정보를 생각하기도 전에, 빛이 독이라는 단언을 듣는 것은 아무래도 충격을 준다. 표현의 낯섦 때문이다. 시에서 낯설음은 독자를 매혹시키는 데 중요하다. "탱탱하던 전신이 찐득하다"는 육체적 감각은 관능적이다. 찐득찐득한 늙은 몸의 관능을 연상하는 이 시행은 앞에서 육체적으로 감각화된 "홀쭉한 장갑"이나 "빛바랜 껍질", "텅 빈 몸"과 어울려 비극성을 발아한다.

8행의 "한 사람을 기억하며 보낸 세월"은 햇빛에 낡은 고무장갑의 비유이기도 하지만 창작자인 시인이 화자를 통해 시 속에 개입해 들어가는 '시인 자신의 이야기'로 오해하여 읽을 수도 있다. 늙은 장갑을 통해 창작자의 심정이 투입, 발효된다는 오해다. 김소월의 시에서 확인할 수 있는 것처럼 창작자와 화자는 전혀 다른 모습일 수도 있다. 작품의 내용과 시인의 삶과는 다른 것이다. 그렇지만 독자는 창작자에게도 한 사람을 기억하며 보낸 세월이 있을지 모른다는 막연한 짐작과 오해를 통해 시에 흥미를 갖는다. 창작자는 작품 속에 창작자 자신을 약간 드러내고 싶은 욕망을 언제나 가지고 있다. 그래서 작품은 곧 시인 자신이라는 말이 있다. 이 욕망의 정도는 독자가 읽어내는 정도에 따라 다르다.

9행과 10행은 화자의 관찰적 감상이다. 문맥상 두 행은 도치되어 있다. 도치는 정서적인 반응의 강도를 드러내기 위하여 시에서 많이 사용하는 수사법이다. 햇빛에 녹은 고무장갑이 장독에 달라붙어 잘 떨어지지 않는 현상을 사실적으로 묘사하고 있다. '쩍쩍'이라는 의태어가 사실성을 더해준다. 11, 12행의 살점을 헐어 붉은 지문을 찍는다는 비유는 비극의 극화이다. 오죽하면 살점을 헐어버리겠는가?

13, 14행에 오면 이 시가 버려진 고무장갑만 이야기하는 것이 아니라는 것을 알 수 있다. 어느 한 사람의 비극적 인생을 비유하고 있다는 느낌을 받는다. 독자가 창작자의 전략을 알아차릴 때 시 읽기의 즐거움은 배가된다. 훔쳐보는, 알아내는 기쁨일 것이다. 어차피 글은 무엇인가를 의미하고 전달하기 위해 쓴다. 물론 언어에 전달하고자 하는 마음을 다 담지는 못한다. 그렇지만 창작자는 의미하고 전달하기 위해 다양한 전략을 구사한다. 이 글이 은근하게 비유하여 전달하고자 하는 것은 어떤 한 인물의 일생이다. 비유되는 인물의 삶은 '물기'가 없는 고통스런 삶을 살고 있는 인물이다. 작품이 곧 시인 자신이

라고 오해한다면, 창작자 자신이나 창작자의 어머니, 또는 창작자의 현재적 심리 상태일 수도 있다.

또 다른 시 「어머니」는 "부엌 천정에 매달린 형광등"을 제재로 가져와 시를 발아시키며, 「치약 껍데기」는 생활용품인 치약을 다 쓰고 난 껍데기에서 시를 발아시키고 있다. 다 사용한 치약 껍데기로 한 남성 노동자의 죽음을 비유한다. 「항아리」 역시 주부 일상에 가까이 있는 항아리와 관상용 꽃 심기의 체험에서 우려낸 작품이다.

> 된장을 담아두던 항아리에
> 모래를 깔고 물을 부어 스킨딥시스를 심었다
> 제 몸에 꽃을 담고도
> 여전히 된장 냄새를 피운다
> 자주 물을 갈아도
> 노랗게 꽃잎이 타들어간다
> 단지를 들어내자
> 항아리 밑이 된장물로 흥건하다
> 짜디짠 눈물이 고였다.
> 숨구멍으로
> 제 몸에 담았던 한 흔적을
> 조금씩 몸 밖으로 버리고 있었던 항아리
> 한 사람의 기억을 버리려
> 숨죽여 울던 저 여자
> ―「항아리」 전문

모두 14행의 이 시 역시 생활 제재를 형상화한 수작이다. 이 시는 된장을 담았던 항아리에 관상용 화초를 심은 일화를 토대로 하고 있다. 1, 2행은 화자의 단순한 행위이다. 단순 서술문에 불과한 두 행으로 된 한 문장에서 우리는 시성을 느낄 수 없다. 아무런 비유나 시적 장치가 없기 때문이다. 그러나 시의 상황을 전개하기 위하여, 사건을 발단시키기 위하여 자연스럽게 등장시키는 인물들과 같다. 3, 4행에 와서야 시적 장치에 걸려든다. 꽃과 된장은 잘 어울리지 않는 대조 개념을 가지고 있다. 제 몸에 꽃을 담고도 된장 냄새를 피운다는 표현은 내용이 모순된다. 몸에 꽃을 담은 사람은 꽃향기를 피울 것이기 때문이다. 그러나 시인은 꽃을 담았지만 된장 냄새를 피운다고 말해버린다. 이 모순적 진술은 독자의 관심을 끌게 된다. 관심이 끌린다는 것은 창작자가 설치한 올무에 독자가 걸려들었다는 것이다.

5, 6행은 된장을 담았던 항아리의 본성이 잘 변하지 않음을 물을 자주 갈아도 "꽃잎이 타들어간다"는 표현으로 진술한다. 7, 8행의 사건을 통해서 본성이 잘 변하지 않음을 구체적으로 확인한다. 단지를 들어내고 보니 항아리 밑에 된장물이 고여 있다는 것이다. 그런데 창작자는 그걸 짜디짠 눈물로 비유한다. 된장물이 눈물이라니. 이러한 의인화를 보고, 여기쯤에서 독자는 항아리가 어떤 인간의 속성임을 환기할 것이다. 그 항아리는 현실에 적응하기 위해 자신의 본성이자 자아인 제 몸에 배었던 된장 냄새를 지워가며 조금씩 몸을 바꾼다. 시의 마지막 두 행에 와서는 항아리를 '저 여자'로 인격화한다. 항아리를 갑자기 여자로 환치시키는 언술을 만나면서 독자는 충격을 갖게 된다. 항아리는 "한 사람의 기억을" 지우려고 "숨죽여 울던" 창작자의 경험적 내면일까? 시가 곧 시인이라는 오해를 믿는다면 그럴 수도 있다.

열무김치를 담그며
빈 김치통 뚜껑을 연다
파김치를 담았던 통에
아리게 배어 있는 냄새
함께 어우러져 곰삭은
시간이 담겨 있다
물로도 헹궈지지 않는다
한동안
파김치 냄새로 울렁거린다

—「흔적」전문

　문숙 시의 장점과 특징이 잘 나타나는, 설명이 필요하지 않은 간명한 시다. 일상을 제재로 한 다른 시들도 그렇지만 대상을 묘사하는 능력이 뛰어나고 내용이 잘 들어온다. 이 시의 창작자는 김치를 담으면서 일어난 단순한 행위를 시제로 포착하여 인간사의 이야기로 확장시킨다. 남녀를 불문하고 가사노동에 조금이라도 관심을 기울여본 사람이라면, 김치를 담았던 빈 그릇에서 나는 냄새를 맡은 기억이 있을 것이다. 창작자는 이러한 경험에 상상력을 발휘하여 한 편의 시를 제작한 것이다. 이 시에서 핵심 문장은 "함께 어우러져 곰삭은/시간"이다. 화자는 파김치를 담았던 그릇에서 나는, 잘 헹궈지지 않는 냄새를 통하여 함께 어우러져 곰삭은 시간을 보낸 사람의 냄새를 환기한다. 그 냄새는 화자의 기억에 아리게 배어 속을 한동안 울렁거리게 한다.
　이렇게 문숙은 일상과 가까이 있는 생활용품, 특히 주부와 가까이 있는 사물을 제재로 채택한 시에서 높은 시적 성취를 이루어낸다. 시의 대상이 되는 사물은 대개 인격화되며, 인간사와 병치되어 비유된다. 병치 비유는 비유를 이루는 두 개의 요소 사이에 독특한 정서를 환기한다. 또한 대상을 간명하게 묘사하는 창작자의 특기가 생활 소재의 시에서 위용을 과시한다. 표현에 무리가 없어 내용이 쉽고 잘 읽히는 장점을 가지고 있다.

2.

문숙의 시에는 부정적이고 비극적인 분위기의 정서가 속출한다. 부정과 비극의 정서는 창작자의 외적 삶과는 달리, 현상을 부정하거나 비극으로 보려는 내면 심리의 반영일 경우가 있다. 그의 수작인 「늙은 고무장갑」에서는 부정적 심상이 두드러진다. '늙은 고무장갑'이라는 제목에서부터 홀쭉한 장갑, 빛바랜 껍질, 텅 빈 몸, 독, 허물고, 헐어, 버려져 등의 어휘가 부정적 정서의 분위기를 조성한다. 부정적 어휘의 다발적 사용은 "물기에 젖어 산 날보다/버려져 말라간 날의 고통을 말하고 있다"며 마지막 두 행에서 비극적으로 극화된다. 다음의 「어머니」 역시 부정과 비극의 심상으로 가득 차 있다.

부엌 천정에 매달린 형광등
스위치를 당겨도 쉽게 스파크가 일지 않는다
빛이 다 빠져나가고 껍데기만 남아 깜박거린다
하얗던 몸속으로 검은 시간이 스민다

양 모서리가 캄캄해져온다

긴 시간 나를 굽어보며

내 모퉁이를 환하게 비추던 한 생애가

속절없이 저물고 있다

—「어머니」 전문

　인용한 2연 8행의 시는 부엌 천정에 매달린 스파크가 잘 일지 않는 형광등을 소재로 하여 어머니의 생애를 비유한다. 어머니는 곧 형광등이고, 낡은 형광등은 속절없이 늙어가는 어머니인 것이다. '어머니'라는 제목, 그리고 낡은 형광등의 현상이 본문에 진술되면서 제목과 본문의 내용이 폭력적으로 결합되어 시성을 획득한다. 오래된 형광등은 스파크가 쉽게 일지 않는다. 깜박거리다 만다. 늙은 어머니의 몸 같다. 필라멘트가 있는 부분은 검게 타들어간다. 이러한 오래된 형광등의 현상은 늙은 어머니의 "몸속으로 검은 시간이 스미는 것"으로 비유된다. 오랫동안 화자의 외면을 굽어보며 환하게 비추어왔던 것은 형광등이나, 내면을 환하게 비추어왔던 것은 어머니인 것이다. 외면과 내면, 낡아가는 형광등과 늙어가는 어머니를 병치하여 비유한다.

　「치약 껍데기」도 어느 가장인 남성 노동자의 '가벼운' 죽음을 환유하는 부정과 비극으로 가득한 시다. 다 사용하여 쓸모없어진 치약 껍데기의 버려짐을 통해 자신의 내용물을 다 내주고 죽어간 가장을 비유한다.

납작해진 치약을 짜고 또 짠다

부풀었던 몸

바짓단처럼 말려 있다
마알간 향기도 지워지고
선명하던 이름도
뭉개져 희미하다.

긴 시간 지하철을 타고 구겨져서 나오던 남자. 어제는 의정부 오늘은 수원으로 밀려다녔다. 밀릴 때마다 후줄근한 양복 주머니에서 꺼내보던 가족사진. 올망졸망 박하향 아이들을 떠올리며 자신을 비워가던 남자. 서류철이 두터워질수록 점점 얇아져갔다. 너무 가벼워진 탓이었을까. 어느 날 퇴근길에 발이 허공에 놓이며 지하철 안전선 밖으로 추락하고 말았다. 길 밖으로 밀려 서둘러 껍질을 벗어던진 남자. 귓전에 매달리는 울음소리도 버려둔 채, 훨훨 생의 건널목을 건너버린 사람. 사십의 전 생애가 화장터의 한 줌 연기로 피어오르고, 푸른 허공에 길 하나를 내며 사라져가고 있었다.

알맹이가 모두 빠져나가
뚜껑 없이 내던져진 치약 껍데기
쓰레기통에 버려진다.

—「치약 껍데기」 부분

모두 3연으로 된 시의 1연과 3연을 인용해본다. 내용의 비극성은 물론이려니와 지워지고, 뭉개져 희미하다, 구겨지다, 밀려다니다, 추락, 빠져나가, 내던져진, 껍데기, 쓰레기통에 버려지다 등 부정적 어휘로 가득하다. "납작해진 치약을 짜고 또 짠다"는 노동자를 최대한 쥐어

짜는 자본주의의 생산구조, 생계를 위해 자신의 능력을 최대한 발휘해야 하는 자본주의 체제의 비극적 속성을 암시한다. 자신의 몸을 사용할 만큼 사용하고도 더 사용해야 하는 가장의 비극이 문맥에 숨어서 도사리고 있다. 자본주의 생산 체제에 얽매여 인간의 본성을 잃어가는, 소외되어가는 인간의 모습이 바짓단처럼 말려 있다거나 말간 향기가 지워진다거나, 선명하던 이름이 뭉개져 가는 등 인간의 정체성을 읽어버리는 것으로 묘사된다. 그러다 3연에서 자신을 다 소모하고 세상에서 내팽개쳐져 죽어가는 인간을 쓰레기통에 버려지는 치약껍데기에 비유한다.

문숙의 시에서 부정과 비극성은 「금 간 화분」에서 더욱 처연하게 나타난다. 한때 무리 없이 아이들과 좋은 집에서 잘살았던 엄마이자 여성의 가난하고 비극적인 현재를 우울하게 그려내고 있다.

종일 어둠을 버티고 선 골목
지하방 창틀에 금 간 질화분 하나
속을 텅 비우고 겨울을 나고 있다
누군가를 담아 키운 듯
주위에는 마른 흙이 묻었다
온몸을 가로지른 지렁이 같은 금

어두컴컴한 지하 셋방에 웅크린 여자
한때는 올망졸망 초롱꽃 같은 새끼를 품고
젖줄을 물리며
백열등이 환한 거실을 받치고 섰던 진호 엄마

강 건너 오색 불빛에 이끌려
사이키 조명을 따라 돌다
끝내 집으로 돌아가는 길을 잃어버린 여자
겨울바람에 시들고 있을 아이들을 떠올리며
문풍지처럼 울고 있다

이젠 아무것도 담을 수 없게 된
저 금 간 화분
텅 빈 몸속으로 진눈깨비만 내린다
—「금 간 화분」 전문

  모두 3연 18행으로 된 시다. 1연은 금이 간 화분을 이야기하고 있다. 배경은 종일 어둠이 버티고 선 좁은 골목에 있는 지하방이다. 주거 형태가 아주 열악하다. 금방 가난한 삶이 있는 장소라는 것을 알 수 있다. 그 지하방 창틀에 금이 간 질화분이 하나 놓여 있다. 그런데 속이 텅 비었다. 거기다 추운 겨울이다. 그 화분의 주변에는 흙이 묻어 있다. "누군가를 담아 키운 듯"하다고 화자는 추정한다. 화분의 몸에는 지렁이 같은 금이 나 있다. 이렇게 1연은 주변에 대한 정황과 금이 간 화분을 묘사하고 있다.
  2연에 와서는 화분이 있는 지하 셋방에 여자가 웅크리고 있음을 서술한다. 2연 1행을 읽어가면서 금이 간 화분이 바로 이 '웅크린 여자'를 비유한 것임을 알아차릴 수 있다. 금이 간 화분과 웅크린 여자는 서로 병치되어 비유된다. 금이 간 화분과 같은 여자라니? 독자는 여자에게 어떤 사연이 있음을 기대하게 된다. 다음 3행에서 5행 "한때는 올망졸망 초롱꽃 같은 새끼를 품고/젖줄을 물리며/백열등이 환한 거실을 받치고 섰던 진호 엄마"를 읽어가면서 이 여자가 진호 엄마라는 것을 알게 된다. 그런데 '한때'라니. 접두사 '한'과 시간인 '때'의 결합은 과거의 어느 시간을 가리키는 것이니, 지금은 이러한 상황이 아니라는 말이다. 아이들도 곁에 없고 백열등이 환한 거실에서 살고 있는 것도 아니다. 지하 셋방에서 웅크리며 혼자 살고 있는 것이다.

그런데 이 시는 시적 주인공이 어떤 연유로 금 간 화분처럼 살고 있는지 정보를 주지 않고 있다. 춤바람을 피우다 가족들로부터 쫓겨났는지, 아니면 가정경제를 위하여 유흥 노동에 종사하는 것인지 등. "강 건너 오색 불빛에 이끌려"라는 시행과 "끝내 집으로 돌아가는 길을 잃어버린"이라는 표현을 보면 자발적 유혹과 실수로 가정을 잃어버린 것 같기도 하다. 3연에서 화자는 이 여자를 "이젠 아무것도 담을 수 없게 된" 금이 간 화분이라고 한다. 견고한 창작자의 도덕관이 금 간 화분이라는 사물을 통해 형상화된 사례라고 볼 수 있다. 문숙의 시에는 위에 인용한 시 외에 부정적이고 비극적 분위기를 형성하는 어휘가 많이 나오는데, 특히 '껍데기' 유와 '버리다' 유의 어휘가 지배적이다.

문숙의 시에 부정과 비극의 정서만 나타나는 것은 아니다. 부정과 비극의 상황에서 버팀과 희망의 힘을 보여주고 있는 시들도 다수가 보인다. 대부분 민중의 삶을 제재로 한 시들이 그렇다. 시인의 건강한 세계관이 반영된 사례들이다. 「용수 할매」는 안간힘으로 현실을 버티며 사는 가난한 노파의 삶을 적실하게 그려낸다.

리어카를 끌고 오는 용수 할매
가을비는 폐지를 적시며 내리고

길 앞으로 쏟아질 듯 뒤따르는 리어카가
야윈 걸음을 밀고 있다

일찍 자식 앞세우고
어린 손자랑 등 기대며 살던 할매
컴컴한 골목길
휘파람이 휙휙 날던 밤
손자마저 낙과처럼 떨구고
한동안 보이지 않았다
중심을 잃은 채
길처럼 매달렸던 하나님도 놓고
몇 달을 주검처럼 보냈단다

오늘은 저승이라도 끌고 오는지
쉽게 걸음을 옮기지 못한다
가지 끝에 매달린 가랑잎처럼
리어카 손잡이 움켜잡고
흰 고무신에 담긴
마른 풀잎 같은 다리로
미끌미끌 버티며 오고 있다

—「용수 할매」 전문

모두 3연 20행의 이 시는 독거노인인 할머니의 힘든 노동 생활을 형상화하고 있다. 1연에서 시적 주인공인 용수 할머니는 리어카로 폐지를 모아 팔아 생계를 유지하는 것으로 추측된다. 창작자는 화자의 시선을 통해 비가 내려 리어카에 실린 폐지를 적시고, 주인공이 야윈 걸음을 하고 있다며 비극적 분위기를 연출한다.

2연에서는 주인공의 비극적 가족사가 서술된다. 자식은 먼저 죽고, 같이 살던 어린 손자 역시 불량배들에게 죽은 것으로 암시된다. 주인공은 이런 팔자 사나운 삶에 절망했던지 다니던 교회도 그만두었다. 행복한 생활을 담보해주지 않는 교회라는 게 도대체 무슨 소용이겠는가. 3연은 주인공이 리어카를 끌고 있는 상황이다. 리어카를 끄는 것은 저승이라도 끄는 것처럼 힘겨우며, 손은 가랑잎처럼 마르고 앙상하다. 다리는 풀잎처럼 가늘고 말랐다. 시에 동원되는 비극적 분위기와 주인공의 비극적 성격이 잘 어울리며 시의 비극적 상황을 잘 연출해내고 있다. 그러한 비극적 삶일지언정 늙은 육체로 현실을 "움켜잡고", "버티며" 현실을 살아내는 할머니의 삶이 대견하게 보인다. 부정과 비극적 현실에서 긍정과 희망을 보려는 창작자의 안간힘과 형상 능력에 믿음이 간다.

3.

문숙의 시에서 연애의 상상력은 추상이며 과거이며 열망일 뿐이지 실재하거나 현재진행형은 아니다. 그의 추상적 연애는 과거의 회상과 상상으로 하는 욕망이다. 그동안 보아온 빈틈없고 야무진 외모와 대인관계를 생각해볼 때 의외라고 할 수 있다. 몇 개의 시에서 창작자 개인의 외상으로 인한 자연스러운 연애의 복합 심리 반영, 아니면 시적 장치로써 연애의 관념이 어느 상황에서나 의도적으로 발아하고 있는 것 같다. 이를테면 「늙은 고무장갑」 8행에서 "한 사람을 기억하며 보낸 세월"을 읽을 때, 시에서 내적 주인공이 한 사람을 기억하면서 한 자리에서 자기 몸을 헐어내는 늙은 고무장갑처럼 될 때까지 살았구나, 하는 감격을 맛본다. 「항아리」라는 시의 마지막 부분에 "한 사람의 기억을 버리려/숨죽여 울던 저 여자"라는 곳에 이르면, 된장을 담아두었던 항아리에 된장 냄새가 배어 잘 지워지지 않듯이, 자기 몸에 담아두었던 잘 지워지지 않는 상대에 대한 기억을 버리려고 애쓰는 시적 주인공의 슬픔을 맛보게 된다.

장롱 밑에 떨어진 단추
어둠에 갇혀
먼지 더미에 푹 파묻혀 있다
어느 가슴팍에서 떨어져나온 것일까

한 사람을 만나
뿌리 깊게 매달렸던 시절을 생각한다
따스하게 앞섶을 여며주며
반짝거리던 날들

춥고 긴 골목을 돌아나오며
한 사람의 생애가 풀어지지 않도록
단단히 채우다, 끝내
서로를 동여맨 실이 풀려
바닥으로 떨어져버린 단추

세상 밖으로 구르다
먼지를 무덤처럼 뒤집어쓴 채
잊혀진 그대

—「단추」전문

　모두 4연 16행의 이 시는 보잘것없이 떨어져나간 생활 제재인 단추를 통하여 연애의 운명성을 이야기한다. 과거의 연애는 현재의 생활에 묻힌다. 언제 떨어져나갔는지 모르는 단추와 같다. 우리는 이사를 하거나 가구를 옮기다 새삼스럽게 먼지를 뒤집어쓰고 있는 단추를 발견하게 된다. 필요할 것 같아 주워서 잘 닦아두지만 다시 생활 속에서 거들떠보지도 않게 된다. 현재 일상에서는 필요가 없으니 찾지 않게 되는 것이다. 지나간 연애도 그럴 것이다.
　1연에서 화자는 장롱 밑 어둠 속에 갇혀 있던 단추를 발견한다. 우연이든 아니든, 창작자가 의도했든 안 했든 장롱이라는 낱말의 상징성이 강하다. 장롱은 가정생활의 대표이자 결혼한 여성의 가장 큰 재산목록으로 상징된다. 요즘 아파트에 붙박이장이 있는 경우에는 다르지만, 장롱은 오랫동안 결혼 필수품이었다. 부피도 가장 크거니와 가격도 가장 비쌌다. 떨어진 단추가 장롱 아래 어둠과 먼지 더미에 파묻혀 있었다는 것은 일상생활에서 단추를 잊어버리고 있었다는 말이다. 이러한 단추를 발견하면서 화자는 어느 가슴팍에서 떨어져나왔는지 의구심을 갖는다.
　1연의 의구심은 2연에서 풀어진다. 2연은 연애가 빛났던 시절이다. 그때는 "한 사람을 만나/뿌리 깊게 매달렸던 시절"이며, "따스하게 앞섶을 여며주며/반짝거리던 날들"이다. 그러다 3연에 와서는 연애의 운명이 도래했음을 알린다. 단추를 "한 사람의 생애가 풀어지지 않도록 /단단히 채"웠지만 "서로를 동여맨 실이 풀려/바닥으로" 단추가 떨어져버렸다는 것이다. 4연에서는 "잊혀진 그대"라며 연애가 생활에 묻혀 잊혔음을 단언한다. 연애에게 먼지를 뒤집어씌워 망각하게 하는 생활은 정말 냉혹하다. 생활은 연애의 무덤이다. 이미 결혼은 연애의 무덤이라고 잠언처럼 말한 사람도 있다.

연애에게 먼지를 뒤집어씌우고, 연애를 생활의 어둠에 가두어버리는 현실의 냉혹성은 「버려진 종이컵」에서도 재연된다. 창작자의 심리적 대변자일수도 있는 화자는 "버릴 수 있는 것도 사랑이다/한 가슴에서 조용히 잎이 지고 있다"고 한다. 시에 연애의 냄새를 숨겨놓기는 하지만 그 냄새를 스스로 가두고 덮어버리는 체념적 연애가 문숙의 시에 보이는 연애의 상상력이다.

> 공사 중인 골목길
> 접근 금지 팻말이 놓여 있다
> 시멘트 포장을 하고
> 빙 둘러 줄을 쳐놓았다
> 굳어지기 직전,
> 누군가 그 선을 넘어와
> 한 발을 찍고
> 지나갔다
>
> 너였다
>
> ―「첫사랑」 전문

사랑이란 파내는 일

나를 너만큼

그 자리에 너를

꾹 눌러 심는 일

—「나무를 심으며」 전문

인용한 두 편 모두 사랑의 원리를 간명하게 형상화한 수작이다. 대부분 시멘트길 공사를 하는 곳을 실수로 들어가 자신의 발자국을 남기거나, 다른 사람이나 짐승들이 찍고 간 발자국을 발견한 경험이 있을 것이다. 「첫사랑」은 이러한 평범한 경험을 기발한 발상으로 첫사랑의 원리로 시화하여 보편성을 획득하고 있다. 사랑은 접근 금지된 영역을 도발하여 발자국을, 흔적을 가슴에 깊이 남기는 것이다. 도로를 아예 파내고 다시 공사하기 전에는 시멘트에 찍힌 발자국이 없어지지 않는다. 첫사랑의 발자국도 마찬가지일 것이다. 그 사람의 뇌가 멈추고 몸이 무덤 속에서 분해되기 전까지는 흔적이 남아 있을 것이다.

「나무를 심으며」는 나를 파내고 상대를 그 자리에 심는 것이 사랑이라는 창작자의 관념이 화자를 통해 구체화되고 있다. 사랑은 나를 파내는 일이다. 그리고 그 자리에 상대를 들어앉히는 것이다. 나를 파내는 일은 고통이다. 사랑하는 것은 정말 축제이며 고통스러운 사건이다. 상당히 잠언적인 관념이지만 나무 심기라는 구체적 행위에 비유하여 사랑의 원리를 보편화하고 있다. 이 보편성 획득이 독자에게 공감을 준다.

일상에 묻힌 사랑의 비극적 기억과 체념, 그리고 고통뿐만 아니라

사랑에 대한 희구와 열망도 문숙 시의 도처에 나타난다. 「소화기」에
서는 다음과 같이 말하고 있다.

> 나를 잠근 안전핀을 뽑고
> 내 안을 확인하고 싶어
> 나만을 태울 수 있는 불길을 만나
> 한순간의 뜨거움을 향해 확
> 나를 쏟아버리고 싶어
> 딱 한 번만 숨 쉬고 싶어
>
> ─「소화기」 부분

소화기를 재제로 하여, 필요할 경우 사용자가 안전핀을 뽑을 때 확
터져버리는 분말이 내재된 소화기의 속성을 사랑의 속성에 비유하고
있다. 이 시에는 창작자의 열망이 화자를 통해 대리된다. 화자는 딱
한 번만이라도 터져버리고 싶다는 충동을 내재하고 있다. 화자는 어
디에도 안전지대가 없다고 언명한 뒤, 소화기처럼 구석지고 서늘한 곳
에 놓여 먼지만 받고 있는 자신이 녹슬고 있다고 인식한다.
 화자는 자신의 내면에 출렁이는 바다와 같은 생명력과 근원적 폭발
성이 있지만, 이것을 외면화하지 못하고 있는 현실을 가짜 "고요와 평
화"로 인식한다. 가짜 현실은 "내가 나를 보지 못"했기 때문이다. 이
것은 지금 내가 나를 봤다는 반증이며, 시 창작의 동기와 욕망은 내가
나를 본 순간부터 시작된다. 화자의 "나를 깨우고" "누군가의 손길에
세차게 흔들리고 싶"다는 열망은 자아를 찾으려는 구체적 행위로 표
현된다. 나를 잠가왔던 안전핀을 뽑아 자아를 노출시키고 싶어 하는

것이다. 그러나 노출된 자아는 확 쏟아버리고 싶다는 극적인 소망으로 끝날 뿐이지 시 안에서조차 행위로 완결되는 것은 아니다. 문화적·윤리적 외압 현실에 길들여진 창작자의 가짜 자아가 내면의 진짜 자아를 억압하고 짓누르고 있기는 여전하다.

연애의 상상에서 가장 시적 성공을 거두는 시는 「부부」이다. 이 시는 좌판 위에 있는 고등어자반을 시적 제재로 포착하여 부부애를 형상화한 수작이다.

좌판 위에 고등어자반 한 손
제 속을 버리고 한 쌍이 되었다

한 마리가 가슴을 넓게 벌리고
또 한 마리는 뼈까지 드러내며
바다의 푸른 기억을
서로의 품으로 껴안는다
가슴을 갈라 등을 품는 아픔의 두께

잔물결이 사라진 시간
머리도 비우고 지느러미도 접은 채
서로에게 절여진 고등어 두 마리
그들의 접힌 상처 사이에
허옇게 말라붙은 바다가 보인다

―「부부」 전문

모두 3연 12행의 이 시는 두 쪽으로 나누어 소금 간을 한 고등어자 반 두 마리를 부부로 착안하여 서술하는 데 매력이 있다. 1연에서 부부는 고등어자반처럼 자기의 속을 서로 버려야 한 쌍이 된다는 부부 생활의 원리를 암시하고 있다. 2연에서는 배가 갈라져서 벌어진 자반이 서로 껴안는다는 말인데, 그것은 "가슴을 갈라 등을 품는 아픔의 두께"라며 표현의 묘미를 주고 있다. "바다의 푸른 기억"은 기억으로만 가지고 있는 과거의 분명한 생활 태도라고 보면 될까? 3연에서는 머리를 비우고 지느러미도 접은, 즉 모든 자기를 포기하고 서로에게 간절한 사이가 되는 부부를 절여진 고등어 두 마리로 암시한다. 그렇다. 부부는 서로 자기를 포기하고 서로에게 절여지는 사이이다. 부부가 서로 껴안는 지점은 상처의 자리다. 두 개의 나무를 접붙일 때 두 개의 나무에 칼로 상처를 내어 상처 난 자리를 서로 맞붙이듯이. 접힌 고등어의 상처 사이에 말라붙은 바다가 보인다는 상상, 누구나 부부는 맞붙은 상처 사이에 말라붙은 바다를 가지고 있다. 그것이 부부 관계의 현실이다.
　문숙의 시를 일별하면서 일상생활 제재의 서정화, 부정과 비극의 정서화, 회고적 연애와 관능의 상상력으로 유형화, 계열화하여 살펴보았다. 문숙은 최근의 젊은 시인들의 시쓰기와 달리 간명한 표현과 쉬운 내용을 특징으로 한다. 그 가운데 일상의 생활 제재를 시화한 작품들의 시적 성취가 높다. 이러한 작품들에서 일상 사물은 인격화되며, 사물의 현상을 통해 인간사를 비유한다.

아버지를 읽는 방식; 노환에서 묘지까지

—천수호 시집,
『우울은 허밍』
(문학동네, 2014)

    천수호(1964~) 시집 『우울은 허밍』을 읽어가는데 아버지가 여러 번 눈에 들어온다. 한 권의 시집에서 제법 많이 등장하는 아버지 제재. 어쩌면 이 아버지와의 경험이 시집의 핵심 제재는 아닐지라도, 최근 시인의 가장 절실한 생체험으로 읽힌다.
    시인이 소멸기에 든 인간의 한 부분을 어떻게 시로 형상해냈는지 살펴볼 만한 좋은 재료이다. 시집의 맨 마지막에 편집된 시 「스프링 노트」는 입원 중인 아버지를 간호하면서 발견한 아버지이자 한 인간의 일생을 "두 페이지"로 압축하고 있다. 인간의 삶에 대한 고도의 비유이다. 천수호만이 가능한 표현 방식이다.

아버지 온몸을 접으니 두 페이지다

누일 때도 아파했고 일으킬 때도 아파했다
내가 속옷을 올려줄 때는 더 모른 척 아픈,

책갈피처럼 접힐 때 내보이는
그 한 부분의 몸의 이력부터
아버지는 여든여섯 해를
두 페이지로 요약했다

꼬깃꼬깃 환자복 호주머니에서 나온 쪽지

생의 이력은 간단했지만
스프링 노트 찢긴 자리는 간단치 않다

도대체 침묵하는 저 두꺼운 노트
빠져나간 페이지를 알 수 없는,
　　　　　　　　　　—「스프링 노트」 전문

화자는 늙고 병든 아버지를 간호하는 과정에서 인간의 삶을 통찰해낸다. 병상에 누워 있는 아버지를 눕히고 일으키는 과정에서 아버지의 생이 두 페이지라는 것을 발견해내는 것이다. 이 늙고 병든 86세 남자인 아버지의 인생은 시인의 눈에 의해 두 페이지로 요약된다. 이런 아버지는 죽음으로 점점 기울어가고 있는 상황에서도 화자가 "속옷을 올려줄 때는 더 모른 척" 아파한다. 병환 중임에도 딸이긴 하지만 이성에 대한 부끄러움이 잠재되어 침묵으로 표현하는 것이다. 아마 아버지를 두 페이지로 압축하는 심상은 환자복 호주머니에서 나온 쪽지에서 발상했을 것이다. 더구나 간단치 않은 인생의 행로를 "스프링 노트 찢긴 자리"라는 불규칙한 굴곡으로 환유하는 것이 일품이다. 늙어서 병든 아버지는 「느린 우체통」에서 "줄기부터 타들어가는 꽃"으로 비유된다. 죽어가는 생명을 타들어가는 꽃으로 은유한다.

> 꽃의 입으로 말할 동안
> 두 송이는 네 송이가 되고
> 네 송이는 여덟 송이가 되는 오월의 장미
>
> (…중략…)
>
> 그 시절 다 거쳐서 핀 장미를 꺾어
> 기면증의 아버지 병실에 꽂는다
> ―「느린 우체통」 부분

이렇게 기하급수적으로 늘어나는 꽃송이의 화려함, 이러한 화려한 시절을 어긋나며 건너온 화자의 아버지는 "깜빡깜빡" 졸며 시들어간다. 화자는 "장미를 꺾어/기면증의 아버지 병실에 꽂는다". 그런데 왜 제목이 「느린 우체통」일까? 시 「톱니 몇 줄」은 수전증이 걸려서 쓴 톱니 모양의 글씨 선을 톱니로 상상한 시이다. 이 톱니 모양은 벌목장의 베어진 나무까지 확장된다. 시는 벌목장의 특정한 '그' 나무에서 진술이 시작된다. 허벅지 통증을 참으며 톱질 행위를 하는 아버지, 그리고 톱질 노동의 완급이 롤빵을 닮은 나이테가 풀어지지 않도록 한다는 상상이 재미있다. 젊어서 톱질을 했던 아버지는 늙어서는 수전증에 걸려 톱질 모양의 글씨로 딸에게 쓴다. 이런 편지를 받은 화자의 감탄으로 이 시는 끝난다.

  이제는 늙어 수전증이 심한 아버지가
  딸아, 덜덜덜 떨며 써 보낸 편지, 아

  그

  톱니 몇 줄
          —「톱니 몇 줄」 부분

물론 회한의 감탄이다. 시적 상상의 거리가 넓어 신선하고 아름답다. 천수호의 다른 시 「아버지 귀 거래사」는 제목만 도연명의 「귀거래사」에서 발상한 것이다. 이런 재치 있는 기법이 나름대로 독자에게 가져다주는 재미가 쏠쏠하다. 이런 말의 재미를 노리는 희언, 언어희롱은 시의 기법으로 여전한 지위를 누리고 있다. 어떠한 기법의 언술이든지 사건이나 사물은 언술을 통해서 형상화되고, 언술을 통해서 의미로 진입하기 때문이다.

  아버지는 귀를 먼저 지우셨다

기억과 거래하는 족족 두 귀는 몸에서 떨어져나와

기웃기웃 날아서 반백 년을 도로 넘어갔다, 가버렸다

사라진 귀들,

고흐의 귀가 그랬고 윤두서의 귀가 그랬다

귀만 먼저 날아 먼 세기로 넘어가버렸다

귓바퀴만 남아 헛바퀴를 돌릴 동안

귀가 없어진 아버지의 눈은 까무룩해졌다

아버지는 중년의 딸도 잊고

두런두런 탄식이 풍덩, 수련으로 피어오르는 연못만 바라본다

수련과 연꽃이 구분도 없이 흐드러진

아버지의 동공을 흔들어보지만

좀처럼 오십 년은 돌아오지 않고

아버지는 지루한 하품을 한다

덩달아 후두를 활짝 여는 수련잎

연꽃의 푸른 동공이 휘둥그레진다

연못은 아무래도 저 눈을 먼저 지울 모양이다

       —「아버지의 귀 거래사」 전문

노환의 아버지는 귀가 들리지 않는다. 화자는 아버지가 귀를 먼저 지웠다고 한다. 이 생물학적인 퇴화는 몸을 가지고 있는 사람이라면 누구나 겪어야 하는 노화 현상이다. 들리지 않는 귀는 무용지물이다. 그래서 몸에서 떨어져나간 것과 다름이 없다. 귀가 어두워지면 음성 기억 역시 퇴화한다. 돌아보면 귀를 자른 고흐나 귀가 없는 초상화를 남긴 윤두서의 그림도 있다. 이들은 귀를 자른 사건과 귀가 없는 그림으로 시대를 넘고 세기를 넘었다. 귀는 신체의 일부이고 그들이 일으킨 사건과 그림의 전부가 아니지만, 귀가 화가의 사건이나 그림을 이해하는 핵심 어휘가 되었다. 아무튼 이들은 귀를 통해 세대를 넘었다. 당연히 있어야 하는데 없는 귀에 대하여 사람들은 기이한 이야기를 만들고 그것을 말과 글로 전한다.

귀가 없어지면 눈이 발달한다. 이런 눈도 나이가 먹어가면서 시드는 것은 마찬가지다. 들리지 않는 귓바퀴만 있는 무용의 귀와 흐려진 눈은 "귓바퀴만 남아 헛바퀴를 돌릴 동안/귀가 없어진 아버지의 눈은 까무룩하다". 귀와 눈을 잃어버린 아버지는 중년의 딸도 잊는다. 그런 귀와 눈으로 아버지는 연못을 바라보지만, 반대로 연못의 "수련과 연꽃이" 아버지를 바라보지만 서로 호응하지 못한다. 그러다가 아버지와 연못은 곧 호응을 한다. 아버지가 하품을 하자 덩달아 수련잎도 후두를 활짝 연다. 이때 "연못의 푸른 동공이 휘둥그레"지는데, 화자는 연못이 "눈을 지울 모양이"라고 한다. 아버지와 수련잎의 호응은 창작자의 주관적 판단이고 시적 전략이다. 주관에 마음이 담기고 철학이 담겨 문장으로 형상된다. 결과적으로 한 인간이 소멸해가는 과정을 흐려져가는 동공과 연못에서 지워져가는 연꽃을 통해 비유적으로 형상하고 있다.

아버지가 쇠잔해져가는 과정은 화자와 아버지 사이에 "접속 부사가 없"는 단절로 형상된다. 「어성초」에서 화자는 치매인 "아버지와 나 사이에 있는 팔걸이의자 같은/풍경과 풍경 사이엔 접속부사가 없다"고 한다. 「부력이 없네」는 「아버지의 귀 거래사」와 같은 시적 제재와 동기가 보인다. 아버지의 눈, 수련잎, 눈동자, 그리고 화자인 나와 아버지 사이가 "왼손을 빼내"고/"중년의 딸도 잊"는 의미상 분리 구조이다. 「부력이 없네」는 아버지가 임종하는 순간을 물과 수련의 관계로 비유적 형상을 하고 있다.

> 아버지 눈에는 물이 많아져서 절대 눈물을 흘리지 않으시네
> 수련잎들이 초록 아가리를 벌리고 워석워석 못물을 씹어 먹을 적에
> 아버지 노란 눈동자 위에 수련꽃 한 쌍 틔우셨네
> 아버지, 눈 깜빡여보세요, 그렇게 불을 켜고 계시면 내 동공이 아프잖아요
> 아버지는 대답 대신 내 오른손 안에 잡혀 있던 왼손을 빼내시네
> 수련잎처럼 걷지도 못하면서 위적위적 물 밖으로 걸어나가시려 하네
> 물을 베려다 제 가슴 한쪽 스윽 베인 수련잎들이
> 온힘을 다해 수면을 밀어내고 있네
> 아버지가 완강히 나를 밀어내는 손바닥처럼
> 한 송이 수련이 이 지긋지긋한 고요를 벗어날 수 있게
> 징검징검 돌다리가 되어주기로 하네
> 아버지가 한 발짝 한 발짝 고요를 떠나갈 때

수련잎 한 장이 내 한쪽 폐에 찰싹 달라붙네 숨이 턱 막히네
아버지와 나 사이엔 부력이 없네

—「부력이 없네」 전문

 천수호는 이처럼 죽음을 향해 소멸해가는 인간의 모습을 연못과 수련의 관계를 통해 아름답게 진술하고 있다. 노환의 아버지가 눈물이 많아져서 눈물을 흘리지 않는다는 반어적 진입, 연못의 수련잎이 못물을 씹어 먹는다는 시각적 심상, 눈물이 고인 아버지의 눈동자에 노란 수련꽃을 틔웠다는 환유적 심상이 독자를 매혹한다. 아버지는 눈에 연못물처럼 눈물이 고인 채 화자를 희미한 의식으로 바라보고 있다.
 화자가 눈을 깜빡여보라고 독촉을 하자 아버지는 "왼손을 빼내"는 것으로 대답을 하고 있다. 이러한 아버지와 딸의 행위는 연못과 수련의 관계로 비유된다. 화자의 손을 밀어내는 아버지의 가물가물한 의식은 수련잎이 물을 밀어내는 것과 비유된다. 물속에 살아야 하는 수련은 물 밖으로 나가면 말라서 죽게 된다. 마찬가지로 화자의 손을 밀어내는 아버지의 손은 수련과 등치된다. 아버지는 연못으로 상정되는 이 세상에서 수련잎처럼 "위적위적 물 밖으로 걸어나가"려고 한다.
 화자는 이 죽음을 향해 완강하게 가려는 아버지에게 "징검징검 돌다리가 되어주기로" 한다. 아버지가 죽음으로 상정되는 '고요'를 향해 떠나가자 화자는 "숨이 턱 막히"고, 아버지와 화자 사이에 '부력'이 없어진다. 물과 수련의 관계처럼 화자와 아버지의 관계에 부력이 존재하지 않는다는 것은 수련이 물 밖으로 나간 세계, 즉 아버지가 의식의 세계에서 나간, 죽음에 이르렀다는 것을 말한다. 임종의 과정을 아름다

운 비유로 구성한 수작이다.

 장례의 맨 마지막 의식인 「하관」에서 화자는 지금까지 "아버지께 업혀왔는데/내려보니 안개였"다고 한다. 앞길을 알 수 없다는 것이기도 하고, 지금까지 살아온 것이 잡히지 않는 것이기도 하다는 중의적 의미다. 앞이 보이지 않으니 벼랑을 알 수가 없다. 이제 알 수 없는 길을 혼자 가야 하니 어디로 떨어질지도 모르겠다는 비통함이다. 제목 「심심 심중에 금잔디」는 김소월의 시 「금잔디」에 나오는 구절 "심심산천에도 금잔디"를 패러디한 것이다. 이런 패러디는 「아버지의 귀 거래사」에서도 보여준다. 아무튼 화자는 아버지의 묘소를 찾는다.

> 아버지 시신을 파먹고 자란 잔디 사이에서
> 아버지 시즙을 빨아먹고 자란 잡초를 뽑아낸다
> 그렇게 순종만을 원하던 아버지,
> 아버지 몸에도 잡것이 있었군요
> ―「심심 심중에 금잔디」 부분

 잔디가 아버지의 시신을 파먹고 자라고, 잡초가 아버지의 시즙을 빨아먹고 자랐다는 과장, 아버지 몸에도 잡것이 있었다는 공격적인 언사가 죽은 아버지에 대한 애증을 강렬하게 한다. 아버지에 대한 사랑과 사랑하는 당신이 왜 죽었느냐는 증오가 있는 것이다. 화자는 애증이 섞인 언사로 아버지를 공격하면서 "아버지 몸에 뿌리내린/수천 수만의 금잔디 금잔디가 나였"다며 육친애를 확인한다. 또 "수십 개의 침을 꽂고 누운 아버지 몸에서/처음 우담바라를 발견한 것도 나였"으며, "마지막으로 떨어지던 링거액에서/아버지의 시즙을 본 것도 나였"

으며, "아버지는 마지막 눈인사로 나를 인정"하였다고 확인한다. 이 시는 아버지가 화자에게 사랑과 신뢰를 보내던 다정한 말을 기억하면서 끝낸다. "애야, 바늘 잘 꽂혀 있니?"

욕망의 연쇄적 상상

— 이정란 시집,
『나무의 기억력』
(종려나무, 2007)

1.

　인간은 욕망하는 존재다. 욕망이 없는 인간은 죽은 인간이다. 생명력은 욕망의 다른 표현이다. 그러나 이런 욕망은 일상생활에서 표면으로 드러내기가 어렵다. 욕망을 통제하는 여러 기제들, 그러니까 관습과 종교, 정치제도 등은 인간의 욕망을 억압한다. 종교는 욕망하는 인간의 정신에게 죄를 뒤집어씌우고, 정치는 육체를 감옥에 가둔다. 종교와 정치와 관습은 어쩌면 참다운 인간이 되는 것을 방해하고 아주 성가시게 하는 파리 같은 존재일지도 모른다.
　그래서 시인은 일상에서 말하기 어려운, 말하기 위험한, 말해서는 안 되는 욕망의 문제를 건드려주는 것일지도 모른다. 인간을 억압하고 괴롭히고 타율화하는 모든 것을 소극적이거나 적극적인 방식으로 거부하는 글쓰기가 바로 시 창작 행위일 것이다. 이정란(1959~)은 이러한 시 창작을 통하여 독자에게 해방의 쾌감을 느끼게 하는 심령술사 역할을 한다.

> 그렇게 나무랄 일이 아니다
> 담벽 전체를 휘감으며 꼭대기까지 올라가고야 마는 다부진 욕망
> ―「담쟁이의 표절」 부분

창작자는 담쟁이의 생물학적 속성과 욕망덩어리인 인간의 속성을 병치시키고 있다. 빌딩의 높이를 경쟁하는 현대 건축의 기술처럼 끝을 모르고 수직 상승을 꿈꾸는 인간의 욕망은 꼭대기까지 올라가고야 마는 담쟁이의 속성에 비유된다. 여기서 "다부진 욕망"이라는 표현은 "본성"과 "몸부림"으로 강화된다. 욕망은 표절되며 진화된다고 하는 창작자의 관념이 담쟁이를 통해 구체화되고 있다.

욕망은 갈망으로 진화되기도 한다. 이정란은 밤에 창을 통해 반사되는 인물에서 착상한 시 「수상한 거울」에서 "갈망"을 본다. 밤의 창에 비친 얼굴은 "밤에만 소생"하여 "날마다 비춰볼 얼굴을 탄생시키고/날마다 갈망을 일으킨다"고 한다. 이러한 갈망은 어디서 올까? 그의 다른 시 「종이꽃」에서 "결핍에 시달려야 간절해지는 사랑과/욕망"이라며, 결국 갈망은 '결핍'에서 오고 있음을 해답으로 주고 있다.

앞에 소개한 시와 달리 욕망과 갈망이 구체화되기도 한다. 관념이 구체성을 얻을 때 시가 성공할 수 있다는 사례를 보여준다.

쌀에 기장을 한 주먹 넣어 지은 밥에서
정액 냄새가 난다
밥에서 정액 냄새라니, 상생의 쌍을 보는 듯하다

밥을 위해 목숨을 걸고
밥그릇에 배신과 음모를 채워넣기도 하지만
한때는 누구든
사랑만 퍼 담고도 흐뭇한 시절이 있었으니

밥과 정액은 조화로운 결과물이다
들판에서 바람과 고독과 번개를
겪어낸 벼의,
무논에 모 심듯 가지런한 기다림이 있기 전
정과 성, 혼과 혈의

—「조화로운 냄새」 부분

　이 시의 핵심은 "밥과 정액은 조화로운 결과물"이라는 문맥 속에 있다. 쌀에 기장을 섞어 밥을 지으면 정액 냄새가 나는지 알 수 없다. 그러나 화자는 이러한 냄새에서 조화로운 "상생의 쌍"을 보는 것 같다고 한다. 쌀이나 기장은 사람에게 생명의 원천인 양분을 제공하는 것이다. 생명의 원천들이 다투지 않고 조화하면서 상생의 냄새를 피우듯, 정액 역시 마찬가지로 난자와 조화하여 생명을 잉태하게 된다. 또 정액은 남녀의 조화로운 상생적 행위를 통해 밖으로 유출되어 냄새를 피우게 된다. 기장밥을 지으면서 정액 냄새를 상상해내는 화자의 심리 기저에는 조화를 통한 생명과 상생의 욕망이 자리 잡고 있는 것이다.

현대의 밥은 지나치게 물신화되어 있다. "밥을 위해 목숨"을 걸어야 하고, 밥그릇을 차지하기 위해 "배신과 음모"를 밥 먹듯이 한다. 밥그릇에 "사랑만 퍼 담"아서는 흐뭇하지가 않다. 그래서 현대의 삶은 상생의 삶이 아니며 경쟁하면서 서로 떠밀고 죽이는 상사의 삶이다. 화자는 이러한 상사의 삶을 마감하고 상생의 삶을 살았던 과거의 "흐뭇한 시절"로 돌아가기를 희구하는 것이다.

2.

우리의 일상은 욕망에 의하여 유지된다. 그러나 『화엄경』에서는 욕망은 모두가 덧없는 것이요, 물거품이며, 허깨비고, 야생마이며, 물속에 비친 달이고, 꿈이고, 뜬구름과 같다고 한다. 불경에서는 인간의 욕망을 통제하기 위해 지옥·아귀·축생·아수라·인간·천상계라는 욕계를 만들어 겁을 주고 있으며, 성경에서는 욕망이 사망에 이르는 길이라고 엄포를 놓고 있다. 어디 이러한 종교 경전뿐이겠는가? 그러나 이정란은 종교적 통제의 그물에서 벗어나서 욕망의 발화를 아름다운 꽃으로 비유한다. 꽃은 욕망의 조화이며 상생의 결과물인 것이다.

길 한가운데 겹꽃이 피었다

눈보다 코 맞추는 것 보면 그 꽃은 향이 먼저 피는 모양이다

장미꽃을 따 입에 대는 것만큼 자연스러운 개화인데
훔쳐보기에도 낯 뜨거운 네 발 짐승 꽃

뒷다리 접고 몸을 최대한 낮추어 절하다, 절을 하다
폭포 같은 물 한 바가지 맞고 꽃 목 떨어진다

목 떨어진 자리에
물그림자 차츰 지워지고 있다

눈을 믿는 두 발 짐승은
저런 무모한 겹꽃 피우지 못한다

―「겹꽃」 전문

길 한가운데서 암캐와 수캐가 만나 교접을 하고 있는 것을 겹꽃에 비유하고 있다. 화자는 이들 개의 교접 행위를 '겹꽃'으로 미화하면서 욕망의 성스러움을 독자에게 선물한다. 사람과 달리 냄새로 상대의 발정 여부를 판단하는 개의 행위를 "그 꽃은 향이 먼저 피는 모양이다"라고 한다. 개들의 교접 행위는 "자연스러운 개화"이며, "네 발 짐승꽃"이다. 그러나 사람은 눈을 믿기 때문에 겹꽃을 피우지 못한다고 한다.
　이 시의 성공은 대상에 대한 적절한 비유에 있다. 제목만 가지고는 시의 내용을 추측할 수 없다. 첫 연에서도 단순한 식물의 겹꽃으로 이해된다. 두 번째 연에서 "그 꽃"에 대한 궁금증이 일어난다. 세 번째 연에 가면 "훔쳐보기에도 낯 뜨거운 네 발 짐승"이라는 표현을 통해 길 한가운데서 벌어지는 개들의 교접 행위가 이 시의 외적 내용임을 알게 된다. 마지막 연의 "눈을 믿는 두 발 짐승"은 사람을 비유한 것이다. 이런 사람들은 개와 같은 겹꽃을 피우지 못한다고 한다. 교접 행위에 필요한 뒷다리를 접고 몸을 낮추는 행위를 상대를 위한 아름다운 꽃 같은 겸손 행위로 인지하게 한다.

겹꽃의 비유는 다른 곳에서도 발휘된다.「은빛 연리지」는 노인 부부의 이야기다.

배롱나무가 퍼놓은 그늘 요에
노인 부부 누워 잠잔다

할아버지는 뺨으로 할머니의 손바닥을 받고
아랫배로 할머니의 오른발을 받친 채 잠이 들었다

초록 풀밭 위에 핀
은색 겹꽃 한 송이

두 그루 나무로 살았던 세월 동안
각양각색의 꽃송이 수없이 가꾸고
뽑아냈을 것이다

제 그림자에 오랫동안 몸 포개 놓을 수 있을 때
생애 마지막 마디에서 피어나는
은색 연리지

―「은빛 연리지」 전문

노인 부부가 배롱나무 아래에서 잠을 자고 있는 것을 창작 동기로 하고 있다. 첫 연에서 배롱나무 아래에 드리운 그늘을 "배롱나무가 펴 놓은 그늘 요"로 비유하고 있다. 창작자는 노인 부부가 서로 손과 배를 받치며 잠을 자고 있는 모습을 "겹꽃", 즉 초록색의 풀밭 위에 핀 한 송이의 "은색 겹꽃"으로 비유한다. "두 그루 나무" 역시 노인 부부의 비유다. 이들 부부는 여러 해를 살면서 "각양각색의 꽃송이"를 가꾸고 뽑아냈다고 한다. 이러한 겹꽃은 결국 조화의 결과이다.

이렇게 창작자는 암수와 남녀의 조화로운 욕망이 홑꽃이 아닌 겹꽃이라는 풍만한 꽃을 피운다고 한다. 이정란은 욕망의 소통 기구인 휴대폰 역시 "소통의 꽃"으로 비유한다.

> 반짝,
> 그 사람 주머니에서
> 연등이 커지네
> 휴대폰에 핀 소통의 꽃
> 품에서 꺼내는 순간
> 사랑도 되고
> 무지개도 되고 밥도 된다네
> ―「주머니에 피는 연등」 부분

창작자는 휴대폰의 불빛을 연꽃으로 착상하여 한 편의 시를 창작하고 있다. 상대와 소통하는 휴대폰을 연등으로 비유하는 것이다. 사람은 상대와 소통하려는 욕망이 있으며, 소통이 원활하게 이루어질 때 행복의 극치감에 다다른다. 인간의 갈등과 싸움은 불통으로부터 시작된다. 사랑은 소통이며 조화이다. 핸드폰은 사람들 사이의 소통과 조화를 도와주는 기구가 되는 것이다.

> 안녕하세요? 안녕하세요!
> 버스 기사가 상냥하게 말꽃을 뿌려댄다
> 그 누구도 안녕하지 않은지
> 꽃들 바닥에서 가뿐히 지르밟힌다
>
> ―「안녕하세요?」 부분

버스 운전기사의 상냥한 말을 말꽃으로 비유하고 있다. 상냥한 말은 상대를 즐겁게 하기 때문에 아름다운 꽃이 되는 것이다. 그러나 승객들은 운전기사의 인사를 받지 않는다. 화자는 운전기사의 인사에 반응하지 않고 버스에 올라타는 사람들은 "안녕하지 않"을 거라고 한다. 그래서 기사가 뿌려대는 "말꽃"이 바닥에서 쉽게 지르밟힌다고 한다. 이 시는 사람과 사람 사이의 소통 문제를 다룬다. 한 사람이 아무리 아름다운 말로 소통을 원해도 상대가 받아주지 않을 때는 소통이 성립되지 않는다는 말이다.

3.

욕망은 만족을 모르는 불가사리다. 그래서 불경에서는 생명을 다하여 욕망을 버리라고 한다. 인간은 가혹한 욕망 때문에 나고 죽는 윤회를 계속하기 때문이다. 불교는 인간이 사는 세상이라는 것이 욕망덩어리가 되어 뒹구는 세계이기 때문에 일체의 욕망을 떠나 적멸,

해탈할 것을 권유한다. 그러나 적멸 해탈은 성직자조차 불가능한 일이다. 이정란 역시 욕망을 떠나보내지 않고 욕망의 기억을 붙잡고 고통스러워한다.

> 책장에 온갖 책을 넣고 긴 세월을 함께 지냈다
> 층층이 올린 짐을 잘 버텨주었다
>
> 어느 비 오는 날, 책장이 내쉬는 나무의 숨소리를 들었다
> 조용한 그 소리는 깊은 산속에서 빗소리와 햇빛에 감응하고 절망을 글썽이던 잎과 줄기의 기억에 가닿게 하였다
>
> 결 사이에 압축되어 있는 바람과 하늘
> 옹이에서 빛나는 마음눈도 보았다
>
> 애초 마음을 끌었던 빛깔과 향이 새를 위해 어깨를 내주었던 품 새라는 걸 뒤늦게 알고 한동안 숲에 잠겨 있었다
> 숲을 놓지 않는 나무의 기억력이 무거움을 떠받치고 있었던 것이다
>
> 나뭇가지 위에서 죽어간 새가 콕콕, 마음눈을 아프게, 쫀다
> ―「나무의 기억력」 전문

창작자는 오래된 책장을 관찰하면서 시를 진술해나간다. 화자는 비 오는 날 온갖 책을 넣고 오랜 세월을 버티며 보낸 "책장이 내쉬는 나무의 숨소리를 들었다"고 상상력을 발휘한다. 책장은 죽어 있는 가구가

아니라 살아서 과거를 기억하는 활물인 것이다. 책장은 옛날의 기억을 붙잡고 있는 욕망의 힘으로 "층층이 올린 짐"을 잘 버텨주고 있다.

창작자가 상상을 통해 듣는 "책장이 내쉬는 나무의 숨소리"는 화자를 "깊은 산속에서 빗소리와 햇빛에 감응하고 절망을 글썽이던 잎과 줄기의 기억에 가닿게" 한다. 그리고 기억을 통해 나무의 "결 사이에 압축되어 있는 바람과 하늘/옹이에 빛나는 마음눈"도 본다. 나무는 "새를 위해 어깨를 내어주었던 그 품새"를 빛깔과 향으로 가지고 있다. 이러한 나무는 숲에서의 기억을 놓지 않는 욕망의 힘으로 무거움을 떠받치고 있는 것이다. 그래서 나뭇가지 위에서 죽어간 새가 마음의 눈을 아프게 쫀다고 한다.

시 「올가미 미라」는 목에 올가미가 씌워진 채 발견된 미라를 소개한 신문기사에서 창작 동기를 얻은 것으로 추정된다.

　　목에 올가미가 씌워진 여자의 미라가 발견됐다
　　미소와 올가미가 한몸으로 엉겨 평화가 되어 있다

　　어떤 죄가 그녀 목에 올가미를 걸었을까?
　　죽음은 충분한 벌이 되었을까?

　　그때 난 시래기를 물에 담가놓고 있었다
　　붉은 비닐 끈을 걸어 무청의 푸른 꿈을 빼앗은 건 나였다

　　눈앞의 것들에게 올가미 씌운 일을 잊고
　　이 세상눈으로 오래 붙들고 있었지만

미라와 올가미는 끝끝내 평온하다

기억을 풀고 있는 시래기 옆에 살아 있으므로
내 죄가 아프다

—「올가미 미라」 전문

목에 올가미가 씌워진 미라와 비닐 끈에 묶인 시래기의 유사성을 병치시키며 시를 만들어가고 있다. 화자는 미라를 보고 무청을 붉은 비닐 끈으로 걸어 시래기를 만든 것을, 자신이 "무청의 푸른 꿈을 빼앗"았다고 표현한다. 그래서 "기억을 풀고 있는 시래기 옆에서" 화자 스스로의 죄가 아프다고 한다. 화자는 어떤 죄가 미라의 목에 올가미를 걸었겠느냐고 하지만, 젊은 여자의 미라는 어떤 종류의 욕망을 표출하다 죄를 뒤집어쓰고 죽었을 것이 분명하다. 시래기 역시 마찬가지다. 푸른 잎사귀의 시절에 붉은 비닐 끈으로 목을 걸어 생명을 빼앗은 것은 화자 자신이라고 한다. "무청의 푸른 꿈"에 "붉은 끈"을 건 화자의 죄가 아플 수밖에 없다.

　욕망을 실현하려다가 죽기도 한다. 화자는 지렁이의 죽음에 대하여 '삶의 의미의 주석'을 독자에게 요청하고 있다.

비 내리는 날은
땅속 생물들 길바닥으로 기어나와
발걸음을 옮길 수가 없다

이튿날이면 길 이쪽저쪽에

> [? (, : !) ; } > ~ V /
> 수많은 부호로 붙어
> 길의 주인이나 삶의 의미에 주석을 요구한다
>
> ―「길」부분

  비 내리는 날 길바닥에 나와서 몸이 끊어져 죽는 지렁이의 모양을 닮은 부호를 시행에서 사용하고 있다. 지렁이는 땅속에 사는 동물이다. 그러나 비가 내리면 땅 밖으로 나온다. 습기를 찾아 밖으로 나왔으나 결국 사망에 이르고 만다. 도로에 나가면 시행에 인용된 부호처럼 몸이 끊어져 죽지만 풀밭이나 공터에 나온다고 하더라도 다른 짐승들의 먹이가 되기 십상일 것이다. 모두 욕망을 다스리지 못해 당하는 고통이자 처참한 죽음일 것이다.

  이정란의 첫 시의 인상이 욕망의 문제를 제기하는 것이어서, 이후의 시들도 욕망의 실로 꿰어보았다. 논지가 다소 억지와 무리가 있을 수 있다. 그러나 몇 편의 해독 가능한 시들이 모두 욕망의 문제를 건드려서 얻어낸 시라는 데는 독자들도 별 이의가 없을 것이다.

모성애의
시적 발화 방식 —진란 시집,
『혼자 노는 숲』

    진란(1959~)의 첫 시집 『혼자 노는 숲』은 꽃이나 나무, 숲 등 자연 대상에 인생을 비유하는 방식을 주로 사용한다. 이러한 방식을 표제작이 압축하고 있다. 시집의 표제작은 시인의 정신과 기법이 집약된 시이다. 대개의 독자나 전문가는 시집을 펼칠 때 시집의 표제작을 통해서 시인의 정신과 기법은 물론 주제를 알아차린다. 그런 후에 시집의 다른 시로 이동하게 된다. 시집 『혼자 노는 숲』의 표제작인 「혼자 노는 숲」 역시 시집 전체를 집약하는 대표시다.

    봄꽃들이 앞 다투어 피고 지고
    그렇게 후다닥 지나간다

항상 가던 그 자리를 걸어가며
산목련 함박 웃는 모습을 보렸더니
그새 지고 없어, 아차 늦었구나 아쉬운데
어디서 하얀 종소리 뎅뎅뎅 밀려온다
금천길 푸른 숲 사이로 때죽거리며 조랑거리는 것들
조그만 은종들이 잘랑잘랑 온몸에 불을 켜고 흔들어댄다
순간 와자해지는 숲, 찌르고, 찌이익, 쫑쫑거리는 새소리들
금천 물길에 부서져 반짝이는 초여름 햇살, 고요를 섞는
바람, 나를 들여다보는 초록눈들이
환생하듯 일제히 일어서는 천년 비룡처럼
혼자 노는 숲에 혼자인 것은 아무것도 없다
그럼에도 숲에는 많은 것들이 혼자였다
내가 없어도 항상 그 자리에 있는 것들

고맙다

―「혼자 노는 숲」 전문

'인생화무십일홍(人生花無十日紅)'이라는 말이 있다. 열흘 붉은 꽃이 없듯이 인생도 금방 쇠약해진다는 말이겠다. 이 시에서 봄꽃은 인생을 암유한다. 봄꽃처럼 앞다투어 피었다가 후다닥 지는 것이 인생이라는 말이다. 웃던 산목련 역시 마찬가지이다. 그 모습을 보려고 했더니 어느새 지고 없는 것이다. 인생이란 것이 꽃이 피고 지는 것과 같이 짧다는 것을 꽃의 생태적 특성에 비유하고 있다.

물론 봄꽃을 인생에 비유한 시인은 무수히 많다. 이를테면 잘 알려

지지 않은 조선시대 경기도 교하에 살았던 낙화진 여자는 "어저께 자던 집에서 피는 꽃을 보았더니/오늘 아침 건너는 물에 꽃잎 동동 떠 흐르네/봄빛도 그리 바빠 사람 따라 오고가나/피는 꽃 겨우 보자마자 지는 꽃을 다시 보네"(「배 안에서」 전문, 『명시전서』, 문헌편찬회, 1959)라고 인생의 빠름을 아쉬워하였다.

진란의 시에는 이렇게 빠르게 흘러가는 인생을 탄식하고 아쉬워하는 마음이 화자를 통해 표현된다. 그러나 이 시는 이러한 탄식만으로 끝나지 않고, 그것을 넘어선다. 이것이 이 시의 장점이다. 화자는 꽃이 일찍 지는 탄식 속에서 "하얀 종소리"를 듣는다. "하얀 종소리"는 봄꽃들의 색감과 소리가 동시에 일어나는 공감각이다. "때죽거리며 조랑거리는 것들"과 "은종들이 잘랑잘랑 온몸에 불을 켜고 흔들어댄다"는 표현 역시 청각과 시각이 동시에 일어난다. 이런 심상에 각종 새소리와 물이 부서져 반짝이는 햇살과 바람이 부가된다.

꽃이 금세 지는 것은 변화무쌍한 자연현상의 하나일 뿐이다. 자연현상은 혼자가 모여서 내는 여럿의 화음인 것인데, 혼자가 소리를 내는 것이 아니고 혼자가 혼자와 연결되어 화음을 내는 것이다. 사람도 자연 사물 가운데 하나일 뿐이다. 화자는 숲에서 혼자 놀지만 혼자가 아니다. 사람도 꽃도 새도 나무도 햇살도 마찬가지이다. 이런 많은 혼자가 모여 하나의 숲을 이룬다. 바로 화엄장 세계인 것이다. 이런 것들이 화자는 "고맙다"는 것이다. 다시 말하면 인생이 꽃처럼 금세 진다고 탄식하거나 아쉬워할 것은 없다. 인생은 원래 그런 것이니.

숲을 열고 들어간다
숲을 밀고 들어간다

숲을 흔들며 서 있는 바람
숲의 가슴에는 온전히 숨이다
숲을 가득 들이쉬니 나뭇잎의 숨이 향긋하다
익숙한 냄새, 킁킁거리며 한참 누구였을까 생각하였다
그대 품에서 나던 나뭇잎 냄새가 금세도
이 숲에 스며들었구나
개똥지빠귀 한 마리 찌이익 울며
숲 위로 하늘을 물고 날아갔다
어떤 손이 저리도 뜨겁게 흔드는지
숲이 메어 출렁, 목울대를 밀고 들어섰다
거미줄을 가르며, 누군가 지나갔다
붉은 것들이 함성을 지르며 화르륵 번졌다
숲을 밀고 누군가, 누가 지나갔다

―「가을, 누가 지나갔다」 전문

  시인은 화음의 숲, 화엄의 세계에 들어간다. 숲에는 "숲을 흔들며 서 있는 바람"이 있다. 화자는 숲에서 나뭇잎의 향긋한 숨 냄새를 맡는데 "익숙한" 냄새이다. 익숙한 냄새는 "그대 품에서 나던 나뭇잎 냄새"라며 숲의 냄새와 "그대 품"의 냄새를 동일화하고 있다. 시인은 "그대 품에서 나던 나뭇잎 냄새"를 말하고 싶어서 이 시를 썼다고 보면 된다.
  숲에서 "그대 품"의 냄새가 환기되는 순간 상황은 역동적으로 돌변한다. 개똥지빠귀가 날고 가을 붉은 나뭇잎이 뜨겁게 손을 흔드는 것이다. 시인은 화자가 일으키는 마음의 동요와 분출을 외부 동적 대상에 투영시키고 있다. "거미줄을 가르며, 누군가 지나갔다"는 과거형이며, 바람과 동시에 "그대"라는 대상과 가졌던 사건이 지나갔음을 유추할 수 있다. 당연히 "붉은 것들이 함성을 지르며 화르륵 번졌다"는 것은 가을 풍경의 형상.

진란 시집에 언급되는 자연 대상 중에는 숲의 일부인 꽃이 지배적으로 등장한다. 구체적인 꽃의 이름에서 꽃 전체를 아우르는 '꽃'까지 다양한 방식으로 꽃을 변주한다.

> 지난밤 문 좀 열어보라고
> 툭, 툭, 툭,
> 자꾸만 두드려대길래
> 등 돌리고 잠든 척하였던 게지요
> 무슨 오기로 빗장 한 번 더 지르고
> 이불 뒤집어쓰고 있었지요
> 햇살 한 줌 가늘게 기어들어 올 때까지
> 눈 꼭 감고 버티었던 거예요
>
> 살그머니 창을 열어보니
> 내내 서 있다가 가버린 흔적만
> 나무 그늘 아래 남실대구요
> 밤새 목울대 간질이던 심술 하나가
> 기어이 붉은 혀 쏘옥 내밀지 않았겠어요
> ―「꽃무릇」 전문

누구에겐가 말하는 어법을 사용하고 있다. 구체적 대상이 없는 독백이다. 1연에서는 화자가 꽃무릇이 피기까지의 인내를, 2연에서는 인내 끝에 꽃무릇이 피었다는 정황을 간접적으로 형상하고 있다. 봄비가 창문을 두드리며 오지만 화자는 잠든 척 이불만 뒤집어쓰고 외면하고 있다. 햇살이 들 때까지 눈을 감고 인내했다는 것이다.

화자는 해가 난 뒤 창을 열고 밖을 본다. 거기엔 비가 지나간 흔적이 나무 아래 보인다. 그리고 꽃무릇이 올라오는 것을 본다. 봄비가 오고 난 후 햇살이 들자 꽃대가 올라오는 풍경이 일품이다. "밤새 목울대 간질이던 심술 하나가/기어이 붉은 혀 쏘옥 내밀"고 있는 것이다. 시인이 독자에게 던지는 주제는 인내 끝에 꽃을 피운다는 것이며, 고난 끝에 결실을 맺는다는 인생의 비유이다.

> 문득 잊고 있던 꽃잎을 뜨거운 물에 띄워본다
> 오래 눌려 있던 향기가 피어난다
> 들에 피면 들국화로 알던 당신, 이름을 알고 난 후
> 낯선 산길을 가다 마주치면 오랜 지기처럼 향기롭고
> 바람결로 들어도 그리운 이름처럼 다정하다
> 만나면 헤어지고 긴 노독의 시간을 건디어야
> 후생으로 만나게 될, 그때 그 꽃은 아니라지만
> 늘 그 자리에 있는 것처럼 피어나고 또 피어나고
> 내 옆에 항상 있어주었으면, 다른 눈길 돌리지 말고
> 나만 보아주었으면 구구절절 애닳아지는
>
> 그런 당신
>
> ―「구절초 한 잔의 당신」 전문

구절초를 뜨거운 물에 우려내면서 피어나는 향기에서 촉발한 감정은 '당신'에게로 전이된다. 구절초 꽃잎도 잊고 있었지만 구절초 향기에서 촉발된 당신도 잊고 있었다. 전반부의 당신은 구절초이지만 후반부의 당신은 화자가 호명하는 특정한 인물로 전이된다. 구절초를 몰랐을 때는 가을에 피는 들국화로 통칭하여 부르지만, 구절초라는 구체적 이름을 알고부터는 화자에게 의미가 달라진다. 우리가 불특정 다수의 사람 가운데 하나를 구체적으로 호명했을 때 존재감이 느껴지고 그 사람이 어떤 의미로 다가오는 것과 마찬가지다. 1연 후반의 "내 옆에 항상 있어주었으면, 다른 눈길 돌리지 말고/나만 보아주었으면 구구절절 애닳아지는"이라는 호소는 구절초에게 말하는 듯하면서 어떤 인물을 향하고 있다. 창작자가 구체적으로 상정하고 있는 인물일 수도 있고, 시를 만들기 위해 끌어온 허구의 인물일 수도 있다.

진란은 첫 시집 『혼자 노는 숲』에서 자연 대상을 주요한 시적 소재로 채택한다. 숲과 꽃과 나무와 날짐승과 노을과 달과 햇살과 곤충들. 이런 자연 사물의 그물로 진란의 시를 거의 가둘 수 있다. 반자연, 반생태 시대에 자연과 인간을 융합해보려는 시인의 지고한 모성애적 발로가 시로 발화되는 모습이 여기에 있다.

비극적 가족사와
민족 시원의
회복 의식 —김여옥 시집,
　　　　　　　　『너에게 사로잡히다』
　　　　　　　　(화남, 2008)

1.

　김여옥(1963~)의 시집『너에게 사로잡히다』는 본래의 생각대로 살아지지 않는 삶의 허물을 버리고 제자리로 되돌아가려는 자아의 몸부림이다. 시는 이렇게 표면의 삶과 내면의 삶이 달라져가는 자신을 확인하고 달래고 어우르는 것일지도 모른다.
　그래서 시인 자신이 시를 쓰면서 위로받기도 하고, 독자 역시 공감을 통하여 자신을 위로하기도 한다. 시는 마음 치유 기능을 한다. 이러한 치유의 기능에 중독이 되면, 시인은 과작이든 다작이든 시의 우리에서 빠져나가지 못한다. 이를 필자는 시중독자라고 이름지어본다. 외래어로 만들어보면 '포에틱 홀릭'쯤 되겠다. 알코올 홀릭이나 섹스 홀릭과 같은 계열의 병적 증상일 것이다.

  아무튼 김여옥의 시에는 비극적 가족사와 민족 시원의 회복 의식이 자리 잡고 있다. 그리고 고향인 전라도 방언을 자주 사용한다. 이러한 요소들이 시의 형식과 내용을 지나친 형이상과 자폐적 감상에서 벗어나게 하는 데 역할을 하고 있다.

  그의 시의 첫 번째 특징은 비극적 가족사의 시적 형상화다. 시에 어머니와 오빠가 자주 나타나고, 그 가운데 오빠가 가장 집중적이고 독립적으로 나타난다. 그만큼 오빠에 대한 기억과 정서가 시인에게 강하게 각인되어 있기 때문일 것이다.

    내 어린 날의 사진 한 장
    그 낡은 사진 한 장을 바라보니,

    아직은 살아 있어, 푸르게 살아 있어,
    별빛으로
    영혼 한 점

    내 어린 날의 사진 한 장
    벼랑 위에 핀
    이름 하나,
    그리운 오라비
                  —「제자리 되찾기 41; 사진 한 장 1」 전문

  인용한 시는 첫 시집에 실려 있는 시이다. 적어도 어렸을 때 오빠가 생존해 있었다는 사실을 알 수 있다. 다른 시를 보면 "15년 전 오늘 죽은 내 오라빈/그 좋은 약 한번 못 써보고 갔다"(「제자리찾기 29」) 고 고백하고 있다. 이런 젊은 오빠의 죽음은 부모님에게는 한이 될 수밖에 없고, 그 한은 딸인 김여옥 시인에게도 학습이 되었을 것이다. 한의 학습이 바로 한 편의 시로 창조된 것이다.

1연은 어린 시절에 찍었던 낡은 사진을 바라본다는 일반 서술이다. 그러나 2, 3연에 와서 죽은 오빠가 아직은 푸르게 살아 있다는 감정이입과 함께, 그 살아 있는 양태가 "별빛으로/영혼 한 점"과 "벼랑 위에 핀/이름 하나"의 형상으로 승화된다.

오빠의 죽음에 대한 형이상학적 감정의 형상이 창작자의 가슴에 청년으로 푸르게, 그리고 벼랑에 핀 꽃으로 살아 있는 것이다. 이러한 오빠는 현실에 없으므로 그리움으로 발전된다. 누이의 오빠에 대한 그리움은 부모님의 한과는 다른 양태일 것이다. 오빠의 죽음으로 인한 창작자의 정신적 외상은 '오빠복합심리지향'이라는 심리적 현상으로 현실 생활에 표출될 가능성이 다분하다.

그는 이 시와 비슷한 시를 「사진 한 장」이라는 별도의 시로 독립시키기도 하는데, 두 개의 시가 비슷한 구조를 가지고 있다. 시인은 어린 시절 오빠와 함께 찍은 사진을 바라보며 "기러기 내리는 듯/내 오라비의/눈빛, 삼삼한"이라고 한다.

2.

서정주의 시에 보면 "茶洞 옆 瑞麟洞의 어느 골목이던가. 그 申一仙양의 왕대폿집을 찾아가서 그녀를 요리조리 여러모로 뜯어보아하니,"라는 재미있는 대목이 있다. 이렇게 다동과 서린동은 청계천을 마주하고 있는 가까운 거리이다. 필자가 밥을 구하는 사무실은 지금도 다동에 있고, 한국문인협회 이사장을 역임했던 신세훈 시인은 얼마 전까지 서린동에서『자유문학』이라는 잡지를 발행하고 있었다.

거기에서 김여옥 시인이 잡지 편집 일을 하고 있었는데, 대학 후배의 아버지인 신세훈 시인은 어느 자리에서나『천부경』과 민족의 고대사 이야기를 하였다. 김여옥 시인의 시를 읽다가 보니, '천부경'이니 '천평선'이니 '반고'니 '동이'니 하는 말들이 많이 자리 잡고 있다.

> 그대 원래 얌전하신 신첩(神妾)
> 멍석말이로 굴러가시는 천둥 되시어
> 승천도 하강도 못하시고
> 허궁쯤서 용백일 치시다가
> 소낙비 되어 나리시는가
> 접(接)을 못하시는 신인(神人) 그대
> 삼위산(三危山) 어디만큼 가셨니
> 돈황읍(燉煌邑) 어디만큼 오셨니
> ―「제자리 되찾기 12; 반고 한인」전문

창작자의 설명에 의하면 신첩은 돈황에 개국한 반고의 신탁 받은 여자를 말하고, 신인은 반고 한인을 뜻한다고 한다. 반고 한인은 중국 역사에도 사마천이 사기를 쓸 때 황제부터 기록했기 때문에 빠져 있고, 우리나라 국사에도 시조(始祖) 자리에 즉위하지 못한 채 빠진 동이의 원류 조상인 단군 천제를 뜻한다고 한다. 삼위산은 삼묘족의 시조이자 동이의 천제 반고 한인이 인류 역사상 처음 불씨를 얻어 나라를 연 곳이라고 한다. 현재의 곤륜산 기슭, 즉 실크로드의 돈황 근처를 가리키고 있다고 한다. 돈황읍은 단군 제1기 시조 반고 한인이 처음 나라를 연 땅으로 인류 최초로 불을 사용해서 돈황이라는 이름이 붙었다고 하는데, 많은 단군들이 이곳에 도읍을 하고 신시 별읍을 세우기도 했다고 한다.

이 시의 창작 의도는 우리 민족의 시원을 단군 천제로 회복시키려는 민족성 되찾기인 것이다. 시인의 이러한 민족 시원 회복 의식은 "내 우러르는 한아비의 가슴팍에선/오늘도 꽃피 낭자히 흐른다"(「제자리 되찾기 13」)라고 현대의 역사적 남성 상징으로 나타나기도 하고, "이 나라 겨울은 길다/발가벗고 우는 숲들은/계엄령 아래 갇혀 있다/뼈만 남은 자작나무들은 떠나려고만 한다/동국(凍國)의 눈 내리는 제 숲을 버리고/다만 고비사막이라도 좋았다"(「제자리 되찾기 26」)라고 하여 억압적 현실 정치 상황을 상징적으로 드러내기도 한다.

그의 광활한 상상력은 "연꽃 핀 달이마에 그림자 내려앉으면/느닷없이 빗살무늬로 펼쳐지는 천평선"으로 확대되기도 하고, "길바닥이 벌떡벌떡 일어서는 빌딩 위에/찢어진 나라의 태극기가 나부끼고 있다/간판들도 한글 모음으로만 울고 있다"(「제자리 되찾기 52」)고 하는 등 현실 비판적 사회정치적 상상력으로 전화시키기도 한다.

3.

필자가 이십대 초반인 1980년대 초반, 우리나라 지도를 펼쳐 놓고 한반도에서 가장 끝이 어딘가를 찾아 간 곳이 해남 화산반도였다. 전라도도 처음이었고, 처음 도착한 곳이 해남이고 처음 찾아간 곳이 화산이라는 반도였다. 그냥 땅 이름이 화산이어서, 이름처럼 지형이 꽃과 같이 예쁠 것 같다는 생각에서 찾아간 곳이었다. 빨간 황토 흙과 도래솔이 어울리는 이 낯선 곳의 어느 바닷가 검은 바위가 있는 개펄에서, 일을 하는 아주머니들을 붙잡고 이것저것 이야기를 했던 기억이 난다. 물론 잠은 그곳에서 나와서, 진도를 건너기 전인 울돌목에서 텐트를 치고 서해와 남해의 물이 합치는 소리를 들으며 잤다.

마침, 해남 화산 출신인 김여옥 시인의 시에서 전라도 사투리를 다시 듣게 되는 우연을 경험하게 되었다. 시인이 자신의 고향 언어를 시에 사용하고자 하는 의도는 다분히 자신에 대한 정체성 되찾기라고 할 수 있다.

대차 참말로 묘하긴 묘하시
날만 궂을락하믄 저 눔의 산이란 거이
그릉그릉 울어싼단 말이여
뭔 조화 속인지 당최 모르것당께

장독아지 꼴가릴 털어내믄서도이
오마닌 쌔를 끌끌 차셨지라우
난 읽던 책을 토방에 내려놓곤야
살살 장짓문을 닫었지라우

아그 적 파장에 난야
푸런 도깨비불 하나 보았다네

겁나게 무선 그 불 지께가는 것을요이
열 손구락 새로 다 지켜봤지라우

그 푸런 불은 선은산 뒤안켠에 떨어졌다네
장곽에 냇게 있던 어른들도 술렁거렸지러
"알곤메, 이담시도 가찹게 떨쳐진 걸 본께
오늘 낼 새 누가 죽을랑갑네, 으짜까잉!"

오래비가 간신간신 버티던 고개 그 모가질 고대 떨치자
오매는 으짜까 까무라 치셨다네
좋이 하래를, 오매는 오래빌 찾을라고 환장해서 돌아댕겼당께

댕기다 댕기다 물기 모도 마른 눈
빼짝 마른 눈 떴을 때
그때도 오마닌 그릉 그릉 해수산
해수산 울음소릴 들으셨다네

　　　　　―「제자리 되찾기 30-해수산 울음소리」부분

해수산은 화산반도에 있는 선은산이다. 마을에 나쁜 일만 있으면 미리 예견하듯이 마치 해소병을 앓는 사람처럼 울어대기 때문에 시인이 붙인 이름이다. 이 시는 자연의 현상과 오빠의 죽음을 동일화시킨다. 오빠의 죽음에 대한 사건을 자연현상의 이변을 통하여 극화시키고 있다. 자연과 인간은 동근동체로 자연의 괴이한 현상은 바로 인간의 죽음을 암시한다.

날만 궂으면 해수산이 울고, 도깨비불이 동네 가까이에 떨어지면 사람이 죽는다는 설화적 상상력은 자연에 대한 경외심을 갖게 한다. 해수산과 도깨비의 이적 현상은 결국 화자의 오라비의 죽음과 연결된다. 이후 화자의 어머니는 "오래빌 찾을라고 환장해서 돌아"다닌다.

그의 다른 시에서도 "그래, 돈이 뭔 필요 있건냐/그라고 인명은 재천이라 했응께/한 번 시작헌 일/목심 걸듯 야물딱지게 해부러라"(「제자리 되찾기 28」)라고 어머니를 내세워 이야기한다. 이처럼 김여옥 시인은 고향의 설화와 함께 전라도 사투리를 시에 차용하여 민중성과 향토적 서정성을 한껏 증대시킨다.

김여옥은 반어의 방법을 사용하기도 한다. 반어로 "상류층 많은 우리나라 좋은 나라"라고 비꼬기도 하고, "서울 와서 첨 가본 서울대병원은/담이 높은 만큼/사람들도 모두 목 깁스를 하고 다녔다"(「제자리 되찾기 29」)며 세태를 풍자하기도 한다. 국가의 강압적 질서 요구(「제자리 되찾기 33」)를 비아냥거리기도 하고, "본 공약은 정부의 사정에/의해, 변경될 수도 있음"(「제자리 되찾기 34」)이라고 하여 대통령의 공약을 냉소적으로 비꼬기도 한다.

아무튼 저 땅끝 해남 출신의 김여옥 시인이 가족사와 민족사의 골기를 잘 구축하고 전라도의 음색을 잘 구현하는 시인으로 성장하길 바랄 뿐이다.

제4부

인생을 조망하는 원숙한 시선 　—허영숙 시집, 『바코드』
(문학의전당, 2010)

1.

인류는 오래전부터 자연 현상을 대상화하여 예술 창작을 해왔다. 시 창작 역시 마찬가지인데, 시는 오랜 세월 동안 자연 대상을 그대로 옮기거나 의인화하는 과정을 거쳐온 것이다. 우리 전통시에서 화조풍월(花鳥風月)을 제재로 한 시가 많은 것이 이를 반증한다. 전통시 제재의 맨 앞자리를 차지하는 꽃(花)은 현대 시인들에게도 중요한 제재가 되고 있다. 많은 시인들에게 꽃은 아름다움과 순결의 상징이 되기도 하고, 때로는 종교적이고 정치적 상징이 되기도 한다. 시집 『바코드』에서 허영숙(1965~)은 20여 편에 이르는 시에 꽃이나 꽃과 관련된 어휘를 출연시킨다. 그러니 꽃은 허영숙의 시에 담긴 비의를 푸는 열쇠가 된다.

> 살구꽃이 피었다
> 나도 짧게 피어
> 묵향 가득한 산방에서 나를 쓴다
> 그동안 꽃이 졌다
> 벼루를 재촉하는 동안
> 다 졌다
> 잠깐이다
> 그래 꽃은 잠깐이다
>
> —「살구꽃이 피었다」 전문

짧고 간소한 이 시에서 꽃이 상징하는 것은 시간이다. 살구꽃은 봄의 상징이며, 살구꽃과 시간을 같이하는 화자 역시 봄의 살구꽃처럼 편 젊은 시간이다. 살구꽃과 화자인 나는 동위를 이루며, 화자의 젊은 시간은 살구꽃에 비유된다. 이 시의 주체는 살구꽃이 아니라 화자의 시간으로 비유되는 젊은 날이다. 화자가 산방에서 자신을 쓰는 동안 꽃이 졌다며, 꽃의 순간성을 진술한다. 물론 시간의 순간성을 비유하는 것이다. 화자는 "벼루를 재촉하는 동안" 꽃이 "다 졌다"라고 반복하고, 또 "잠깐이다"라고 강조한다. 화자는 또다시 "그래 꽃은 잠깐이다"라고 단정적으로 언명하는데, 이 꽃에 대한 강력한 언명이 인생의 잠깐인 젊은 날로 환유되면서 독자를 유쾌하게 한다. 오래된 단풍나무의 뾰족한 붉은 눈을 홍살문에 비유하여 쓴「홍살문」에서도 시간을 꽃으로 상징한다. 오래된 단풍나무의 움푹 팬 밑동에 겹겹이 두

꺼운 이끼가 앉았는데, 그것을 "꽃 같은 날의 신록을 편년체로 쓰고 있다"고 한다.

닿을 수 없는 곳에 있는 것은 다 꽃길이라 믿었던 시절 득음한 꽃들의 아우성에 나도 한때 꽃을 사모하였다 꽃을 사모하니 저절로 날개가 돋아 꽃 안의 일도 꽃 밖의 일도 두근거리는 중심이 되었다. 꽃술과 교감했으므로 날개 접고 앉은 자리가 모두 꽃자리였다

꽃길을 날아다녔으나 꽃술을 품었다고 흉금에 다 아름다운 분(粉)을 지닌 것은 아니었다

겹눈을 가지고도 읽지 못한 꽃독에 날개를 다치고 먼 남쪽 다산에 와서 앉는다 낮달이 다붓하게 따라온다 주전자에는 찻물이 끓고 꽃 밖에서 훨훨 날아다니고 꽃술을 사모하여 맴돌지는 말아라 날개를 다치고 이곳에 먼저 와서 앉았던 사람이 더운 붓끝으로 허공에 쓰고 있다

—「나비 그림에 쓰다」 전문

위 시에서 꽃은 시간이나 무상이 아닌 화자가 도달하고 싶었던 이상, 그리고 도달한 현실을 상징한다. 꽃은 화자가 바랐던 사회적 지위일 수도 있고, 예술적 경지일 수도 있다. 1연에서는 화자가 목표를 성취하기 전에 그것이 "꽃길"이고 "사모"의 대상이었으나, 그것을 성취하여 꽃술과 교감하는 중심이 되어 "꽃자리"에 앉았음을 진술한다. 2연에서 화자는 성취된 꽃길을 날아다니며 꽃술을 품기도 한다. 그러

나 꽃술을 품었다고 해서 모두 흉금에 아름다운 꽃가루를 지닌 것은 아니었다고 토로한다. 3연에서 화자는 자신이 바랐던 꽃길에서 놀다가 꽃독에 날개를 다쳐서 상심한 나머지 먼 남쪽으로 여행을 하는데, 그곳은 다산이라는 지명이다. 다산은 정치권력의 아수라장에서 밀려난 정약용 선생이 유배를 갔던 곳이다. 화자는 꽃길에서 절망한 자신의 심정과 다산 정약용의 심정을 일치시키면서 절망의 감정을 보편화한다.

또 허영숙은 꽃에 시간이나 무상, 이상의 상징이 아닌, 다른 방식으로 접근하기도 한다. 그의 시 「꽃싸움」은 여가놀이의 하나인 화투(花鬪)를 우리말로 풀이하여 "느티나무 그늘을 펴 놓고/할머니 여럿 둘러앉아 꽃싸움을 한다"라고 한다. 수사법상 희언법이고 말놀이인데 시 창작의 유용한 방법 중에 하나다. 그는 봉지 속에 들어 있는 씨앗의 관찰을 통하여 이파리의 "비린내를 열고 피는 꽃"(「씨앗을 파는 상점」)을 상상하거나, "허공에 꽃수를 놓은 듯 환한/딸의 몸에서는 만개한 복사꽃 향기가 난다"(「꽃의 출구」)는 상상을 한다.

2.

허영숙은 시간의 경과를 한 편의 시 속에 축약하는 특장을 가지고 있는 시인이다. 한 편의 시 속에 인생의 전 시간을 담고 있는 것이다. 그의 시에서 시적 성취를 잘 보여주는 대개의 시들이 이러한 유형에 속한다. 이러한 시는 매우 안정된 시적 진술을 통하여 독자에게 인생을 바라보고 회고하고 현재를 주시하게 한다. 아주 오래된 보수적인 시 창작 방식이면서도 독자에게는 가장 설득력을 갖게 하는 방식이다.

갓 사춘기를 맞은 소녀의 살갗처럼
콩기름으로 오래 문질러놓은 마루처럼
겉표지가 반들반들한 새 잡지를 내밀며
미장원 주인이 잠시만 기다리란다
새것답게
막 말 트기 시작한 사이처럼 한 장 넘기기가 만만치 않다
아직도 버리지 못한 침엽의 냄새
페이지가 칼날처럼 도도해서
손가락이 아슬하다

여러 사내들이 침 발라 넘겨본
선술집의 늙은 창녀처럼 오래된 과월호
많은 사람들의 손금을 읽어 귀퉁이가 불룩하다
젖은 생을 넘겨온 사람과는 말이 잘 통하듯
한 장 한 장 잘 넘어간다
누군가의 지문 위에 나의 지문을 맞댄다
젖지 않고 넘어가는 페이지는 없다는 듯
하늘이 가을을 넘기려고 비를 묻힌다

—「과월호」 전문

위 시는 미장원에서 기다리는 동안 잡지를 보던 경험을 창작 동기로 하여 쓴 수작이다. 1연에서는 신간 잡지를, 2연에서는 남의 손에 많이 넘겨진 지난 잡지의 속성을 비유하여 진술하고 있다. 새것과 헌것 가운데 헌것의 편안함과 미덕에 애정을 주고 있다. 물론 이것은 잡지 이

야기가 아니고 인생에 대한 풍유다. 1연에서 금방 나온 깨끗한 신간을 "갓 사춘기를 맞은 소녀"나 "콩기름으로 오래 문질러놓은 마루"로 직유하고 있다. 새 잡지는 아직 원목에서 나는 "침엽의 냄새"가 덜 가신 듯 새롭고 깨끗하지만, 이러한 잡지는 "막 말 트기 시작한 사이처럼 한 장 넘기기가 만만치 않"고 "페이지가 칼날처럼 도도해서/손가락이" 벨 것처럼 아슬아슬하다.

2연에서 헌 잡지는 "선술집의 늙은 창녀"로 비유된다. "여러 사내들이 침 발라 넘겨"보는 등 산전수전을 다 겪은 늙은 창녀는 인생의 연륜으로 사람들을 속속들이 잘 읽을 수 있다. 늙은 창녀로 비유되는 과월호는 그동안 미장원에서 잡지를 넘겨본 "많은 사람들의 손금을 읽어"내는 주체가 된다. "귀퉁이가 불룩"한 형태는 인생의 신고와 술살로 뚱뚱해진 창녀의 늙은 몸매를 환기시킨다. 이러한 몸매를 가진 여성은 "젖은 생을 넘겨온 사람"들의 말을 잘 들어준다. 여러 사람의 손을 거친 과월호 잡지 역시 마찬가지다.

화자가 과월호를 넘기는 행위는 이미 잡지를 넘겼던 "누군가의 지문 위에 나의 지문을 맞"대는 행위이다. 그렇다. 이렇게 침에 젖거나 구겨지지 않고 넘어가는 잡지는 없다. 하늘조차도 가을이라는 계절을 "넘기려고 비를 묻"히고 있다. 하물며 미장원에서 처음 받아본 손을 벨 것 같은 새로운 잡지도 많은 사람들의 침 묻은 손에 넘겨지면서 구겨지고 부풀어오를 것이다. 인간은 이렇게 잡지처럼 세월에 부풀고 잘 익어야 인생의 '중심'이 된다.

커다란 호박들이 한 줄로 고랑을 건너오고 있다
붙들지 않았는데도

광주리 속의 늙은 호박
저희들끼리도 흔들림 없이 고요하다
호박의 하중을 견디고 있는 중심에는
꽃무늬 고무줄 바지를 입고
똑같은 파마머리를 한 늙은 아낙들의
고단한 생이 단단히 똬리를 틀고 있기 때문이다
한 뼘만 기울어도
내동댕이쳐지는 머리 위의 것들
후들후들한 시절을 건너오지 않았더라면
저토록 단단함 중심을 틀어내지 못했으리라
맨 앞의 아낙들의 웃음이 차례로 번진다
뼈아픈 날의 진담이
농담 속에 둥글게 똬리를 튼 채 여기까지 온 아낙들
속이 샛노랗게 익었다.
—「중심」 전문

파마머리를 한 늙은 아낙들이 머리에 호박을 이고 나르는 광경을 진술하면서 연륜의 미덕을 '중심'으로 형상화하고 있다. 시의 초반에는 "호박들이 한 줄로 고랑을 건너온다"며 호박이 주체가 되어 움직이는 의인화를 통하여 낯선 감각을 준다. 이 광주리 속의 늙은 호박이 조용하고 흔들리지 않는 것은 "호박의 하중을 견디고 있는 중심"이 있기 때문인데, 그 중심은 "고단한 생이 단단히 똬리를 틀고 있"는 늙은 아낙들이다. 그 중심은 "후들후들한 시절을 건너오"면서 잡힌 것이다. 그들의 농담 속에 "뼈아픈 날의 진담"이 있으며, 세월의 질곡을 지나오느라 숙성된 아낙들의 속은 늙은 호박처럼 "샛노랗게 익"은 것이다. 늙은 호박과 늙은 아낙의 심상이 겹치면서 시의 정조가 배가된다.

인생의 시간성을 시「파란 바나나」를 통해 형상하기도 한다. 여름날 해변의 탈의실에서 "교복을 벗고 가방에서/비키니를 꺼내는 소녀들"은 "빨리 익지 못해 안달하는/저 풋것들"이고, "억지로 익히면 빨리 상한다는 것을 모르는" 철부지들이다. 그러나 이들도 결국은 "햇살을 들이며 익어가는" 인생일 뿐이다. 허영숙은 이러한 시간의 흐름을「가을체로 읽는 저녁」에서 "나도 뭔가를 밀며 여기로 들어온 목숨/한 생을 하루처럼 밀며 빠져나가야 한다"라며, 한 생을 하루로 압축하여 고양시킨다. 이는 무량한 세월이 한 생각이고 한 생각이 무량한 세월이라는 불교의 초월적 시간관을 형상화한 것이다.

3.

그렇지 않아도 허영숙의 시에서 여러 편의 불교 제재와 상상력의 시들을 만날 수 있다. 허영숙은 나름대로 불교에 대한 관념을 안정된 구성과 어조로 인생을 비유하는 데 성공하고 있다.

일직선으로만 가는 길은 없다
꼬불꼬불해서 햇살도 완행으로 돌며 오르는 고불암
발바닥이 달아오른다
이 길 저 길 끌고 다녀도 주저앉힌 적 없었는데
여기 와서 나를 앉힌다
후박나무 그늘에 앉아 발을 내려다본다

발은 혼곤한 얼굴로 달아올라 있다
미안하다, 너의 노동을 빌려
무엇을 더 이루려고 여기까지 절하러 왔는가
굽은 길 끝나는 곳에
화해의 꽃말을 지닌 개망초가 흐드러지게 피었다
그건, 산문에 들기 전에 꼬인 마음 다 풀고 오라는 말씀
굽은 길 돌며 반성문 한 장 아프게 쓰고
여기 들라는 말씀
산 아래 모든 길 내려다보고 있는 고불암
바람이 풍경을 흔든다
엎드려 묵상 중이던 나무들이 아침저녁
잎에 받아 적은 말씀을 외우기 시작한다
고요하고 부드러운 손이 발바닥을 어루만진다
편히 내려가라고
길도 일배(一拜)로 엎드려준다
　　　　　　　　　　　―「고불암 가는 길」 전문

위 시는 암자를 오른 경험을 시로 구성하면서 인생의 원리를 관조하고 있다. 암자로 오르는 실제의 길이 일직선이 아니라는 진술, 그 길이 구부러진 길이어서 햇살도 완행으로 돌며 오른다는 표현을 통해 인생의 고난한 역정을 비유한다. 화자는 발바닥이 달아오르도록 "이 길 저 길"을 지나왔다. 사바를 지나오느라 "혼곤한 얼굴로 달아올라 있는" 발을 보며, 화자는 "무엇을 더 이루려고 여기가지 절하러 왔는가"라고 자문한다. 화자가 무엇을 이루려는 욕망을 자책하는 지점에

개망초가 흐드러지게 피어 있고, 그곳을 "반성문 한 장 아프게 쓰"는 곳으로 이해한다. 목적지인 암자에 도착했을 때, 암자는 그간 화자가 지나온 역정을 다 알듯 올라온 모든 길들을 내려다보고 있다. 또 바람에 풍경이 흔들리고 나뭇잎들이 바람에 수런거리는데, 이것을 창작자는 "나무들이 아침저녁/잎에 받아 적은 말씀을 외우기 시작한다"라고 표현한다. 화자에게 편히 가라고 길이 "일배(一拜)로 엎드려 준다"는 표현이 압권이다.

허영숙은 「눈발 경문」에서, 겨울 눈 오는 날 운문사 여행에서 "젖살이 빠지지 않은 앳된" 여승을 만난 일화를 시로 형상하고 있는데, "작은 바랑에 눈을 가득 지고 걷는" "순백의 그늘이 환한" 이 여승과의 경험을 통해 "젊은 날 출가"하여 소식이 아득해진 친구의 얼굴을 떠올리기도 한다. 동진 스님이 보낸 꿀과 관련된 일화를 대화체로 구성한 「참말」에서는 "이 꿀 진짜 맞나요/거야 누구도 모르는 일/꽃이 거짓말하거나 벌이 거짓말하거나//하얀 참말이 달다"라며 다소 선취(禪趣)를 풍기는 창작 방법을 취하기도 한다. 「저녁의 앙금」에서 역시, "산사의 저녁 종소리에 하루가 가라앉는다/산화락산화락 떨어지던 꽃도 묵상에 들고/바람도 무릎을 접고 소리공양을 한다"라며 안정된 어조로 저녁의 산사 풍경을 형상하고 있다.

그의 시에서 주목해 볼만한 어휘 가운데 하나가 여러 편의 시행에서 나타나는 '당신'이다. 물론 당신은 구체적이고 직접적인 대상이 아닌 절대적인 형이상적 대상일 것이다.

잘 들어가지 않는 못을 아슬아슬하게 박아두었더니
못은 어디가고 못자국만 남았다

벽은 끝내 못을 섬기기 못하고 밀어냈다

철마다 벽에 붙어 있던
국민을 섬기겠다는 말
벽보가 뜯겨지자마자 그 말도 떨어져나갔다

얕은 것은 아무것도 섬기지 못한다
그래서 당신도 나를 빠져나갔다

―「섬긴다는 말」 전문

 이 시는 연애시로 읽힌다. 이 시는 공학이나 정치의 원리를 인생의 원리로 전화시킨 것으로 완벽한 연애의 원리가 되기도 한다. 벽에 완전히 박히지 않은 못, 설박은 못은 쉽게 빠져나가고 만다. 아니 벽이 밀어내는 것이다. 이것은 정치의 계절에만 잠깐 벽에 붙어 있는 선거 벽보와 비슷하다. 국민을 섬기겠다고는 하지만, 당신을 끝까지 사랑하겠다고 하지만 진정성이 없는, 가슴에 잘 박히지 않은 말은 대충 박아 놓은 못과 같다. 허영숙은 「반얀나무」에서 이 나무의 생물학적 속성을 넓고 견고한 사랑에 비유한다. "누구도 저 사랑에 대해서 더 깊이 은유하지 못한다"라며, '당신'이라는 절대적 대상을 "기꺼이 뿌리가 되어" 받들고, "가지를 내려 받치고 싶"다고 한다. 그러나 「돌탑」에서 '당신'은 "덜컥,/근심"이 되기도 한다. 이렇게 확신과 불확신 사이에 혼미한 주행을 거듭하는 것이 사랑의 속성일지 모른다.
 허영숙은 꽃이 피고 지는 것에서 시간의 흐름을 주로 보며, 젊은 여성과 늙은 여성을 통해 시간을 읽고, 산사에 오르면서 인간의 역정을 관조한다. 헌신과 근심 사이에 절대적 '당신'을 세워놓는다. 인생을 조망하는 시선이 원숙하다. 그의 원숙한 인생론이 많은 사람들의 가슴을 형상의 그물로 감싸 따뜻해지기를 바란다.

가정주의 회복과
에로티시즘 복원 —고경옥 시집,
『안녕, 프로메테우스』
(현대시학, 2014)

　　세상에서 가장 위대한 기관은 가정이라고 한다. 시인 브라우닝은 기쁜 가정은 일찍 누리는 천국이라고 하였으니, 기쁘지 않은 가정은 지옥이라는 말도 가능할 것이다. 주지하다시피 가정은 행복의 근원이기도 하지만 죄악도 가정에서 태어난다. 언론을 통해서 보듯이 가정에는 사랑만 있는 것이 아니라 폭력과 학대도 존재한다. 어쩌면 가정은 사랑과 폭력, 선악이 양립하는 곳일지도 모른다. 그러니까 모든 선의 근원은 가정에서 싹트며, 모든 악의 근원도 가정에서 시작하게 된다.
　　그러나 고경옥(1960~)의 시에서 가정은 폭력이나 부정적 존재로 형상되지 않는다. 가족 관계가 이해와 사랑과 연민으로 얽혀 있다. 시에 보편적 가정에서 갖는 다사다난함이 거의 찾아지지 않는 것은, 시인의 안정된 가정생활과 긍정적인 인생관에서 비롯될 것이다. 현재와 과거 기억 속에서 나와 시에 출현하는 가족들은 시인의 자아인 화자와 교섭하면서 한 편의 아름다운 시편으로 형상된다.

　그의 시편에는 남편, 아들, 고모, 아버지, 어머니 등 가족이 시집의 전반에 편재한다. 아무래도 가장 많이 등장하는 인물은 일상에서 가장 많이 접촉하는 남편이다.

　　　가랑잎 한 장
　　　초상집에 다녀온 남편 구두에 묻어 있다
　　　바스락 눈물이 묻어 있고
　　　삼킬 수 없는 한숨이 묻어 있다
　　　과로사래
　　　마흔 조금 넘었는데 벌써 죽다니
　　　아이가 둘인데 혼자된 아내는 어찌 사누
　　　가을보다 짙은 갈색 재킷을 벗는
　　　남편 목소리가 안개다
　　　다시 바지를 벗고 셔츠를 벗는 남편 뒤에서
　　　주섬주섬 질긴 멍에들을 줍는다
　　　벨트와 온종일 목을 죄던 넥타이
　　　허물 같은 양말까지
　　　굳은살이 박인 맨발이면 어떠랴
　　　헐렁한 추리닝 바지에
　　　가벼운 속옷 한 장 걸치고

올 풀린 스타킹처럼 쉬게 하고 싶다
잘 삭은 청국장에다 두부와 김치를 넣어 팔팔 끓이고
내 속살 중 가장 보드라운 부위를 저며 아낌없이 접시에 올린다

아뿔싸, 너무 붉은 밤이다

―「붉은 밤」 전문

젊어서 과로사한 동료의 상가에 다녀온 남편과의 일화를 형상하고 있는 아름다운 작품이다. 가랑잎은 죽은 사람을 은유하는 상관물이다. 죽은 동료가 가랑잎으로 구두에 묻어서 따라온 것이다. 눈물과 한숨이 묻어 있는 낙엽은 남편의 심리적 상황이며 동시에 아내인 화자의 심리이기도 하다. 과로사한 동료의 식구들을 걱정하는 "남편 목소리가 안개"인 것은, 남편 자신이 과로사했을 경우, 남겨진 가족들의 처지가 동료 가족들과 다르지 않을 거라고 추측하기 때문일 것이다. 사회복지가 척박한 상황에서 남편 한 사람의 수입에 의존하는 전통적인 가정경제는 남편이 사망할 경우 빈곤으로 전락한다. 이러한 부담은 가장의 '멍에'로 작용하며, 이런 '멍에 의식'은 해직이 되면 안 된다는 압박감 때문에 스트레스가 가중된다.

아내 역시 마찬가지다. 수입의 근원인 가장이 없을 경우에 감당해야 할 경제적 문제가 심각하기 때문에 남편이 죽는다는 것은 상상하기도 싫을 것이다. 시에서 마흔 초반에 과로사한 동료의 집에 다녀온 남편과 아내의 분위기가 서로 감정의 수위를 맞추어가며 진전되는 모습이 현실감을 갖게 한다. 시에서 화자는 남편을 가벼운 속옷 차림으로 "올 풀린 스타킹처럼 쉬게 하"면서 요리를 한다. 그 정성을 다하는 요

리에 화자의 "속살 중 가장 보드라운 부위를 저며 아낌없이 접시에 올 린다는 표현이 절창이다. 거기다가 한 줄을 한 연으로 처리한 "아뿔 싸, 너무 붉은 밤이다"라는 표현은 또 어떤가?

「상한 음식」은 상한 음식을 먹은 남편이 새벽에 일어나서 구토를 하는 일화를 형상한 시인데, 화자는 구토 원인을 "직장 상사/졸라 맨 넥타이/스트레스/철없는 마누라"로 보고 있다. 남편이 등을 두드려주는 화자에게 상한 음식을 먹어서 구토를 하는 것이라고 하자, 화자는 "혹시 내가 상한 음식이 아닐까" 하는 깜찍한 반전을 기한다. 「측은지심」에서 화자는 남편이 코고는 소리가 밉기는 하지만, 그것보다는 잠 못 들고 뒤척일 때 더 불안해하고 있다. 잠을 못 자는 것보다는 차라리 코를 고는 것이 낫다는 화자의 심리를 적절하게 형상하고 있다.

식구가 적다는 건 외롭다는 말
점점 할 일이 없다는 건 편한 게 아니라 버려진 것
나이를 너무 먹은 건가
딸 없는 여자가 제일 불쌍하다고 누군가 했던 말이
불쑥불쑥 추위에 떨게 한다
말이 없는 남편과 아들
혼자 있어도 같이 있어도 우리 집은 늘 적막하다
가스렌지도 전자렌지도 툭하면 묵언수행 중이고
세탁기나 청소기만 가끔씩 말을 한다
땡그랑 땡그랑
풍경 하나 식탁에 올려놓고 침묵이
독 오른 방울뱀처럼 목덜미로 스밀 때면

얼른 건드려 말을 건다

땡그랑 땡그랑 고맙게도 대꾸해준다

단풍이나 굴뚝에 걸린 달의 안부까지 전해준다

난 풍경을 흔드는 바람

우리 집엔 부처님 두 분과 바람이 살고 있다

—「절간」 전문

  딸 없이 남편과 아들, 말이 없는 두 남자와 사는 집안을 절간으로 비유하고 있다. 절간의 물건인 풍경이 추가되면서, 화자가 풍경을 소리 나게 하는 바람이라며 선언하자 시가 입체화된다. 어른들이 돌아가시거나 아이들이 커서 집을 나가 살면서 식구가 점점 적어지고, 그러면서 전업주부는 가사가 줄어들면서 거의 할 일이 없어지게 된다. 대부분의 가정이 겪는 일이다. 이러한 정황을 화자는 자신이 버려진다고 한다. 말수가 적은 남편과 아들과 같이 사는 화자의 집은 혼자 있는 것과 같이 조용해서 적막한 절간이나 마찬가지다. 가스렌지나 전자렌지도 식구가 없거나 식구들이 밖에서 식사를 해결하고 들어오니 별로 사용할 일이 없어지게 된다. 예전처럼 식구가 많지 않으니 세탁기나 청소기 역시 가끔씩 돌릴 뿐이다.
  사람은 사람과 대화가 불가능할 때 주로 자연 대상과 대화하려고 노력한다. 혼자 사는 사람들이 혼잣말을 하거나 사물과 이야기하는 것과 같다. 화자 역시 식탁에 올려놓은 풍경과 대화를 한다. 식탁 위에 풍경은 사람 대신에 단풍이나 달의 안부까지 전해준다. 풍경을 건드려 말을 거는 화자는 자신을 풍경을 흔드는 바람이라고 선언한다. 그래서 화자의 집안은 말없이 묵언을 하는 남자 둘과 풍경을 흔드는 자신인 바람까지 셋이 사는 절간이다. 조용한 집안을 절간으로, 말 없는 남편과 아들을 부처님으로, 자신을 풍경을 흔드는 바람으로 비유하고 있는 가편이다.

여든이신 아버지와 보신탕집에 갔다
뜨거운 보신탕 국물을 후룩후룩 마시다가
열무김치를 된장에 찍어 먹을 고추인 줄 알고 더듬거리는
아버지의 보이지 않는 병든 눈

탕 국물보다 더 뜨건 눈물이 스륵 흐른다
아버지 몰래 울 수 있어 다행이다
—「아버지의 눈」 전문

위 시는 남편과 아들에 이어 아버지를 소재로 채택한 시편이다. 여든이 된 아버지와 보신탕집에서 일어난 일화를 시로 형상하고 있다. 노안으로 눈이 안 보이는 아버지는 보신탕집에서 푸릇푸릇한 열무김치 반찬이 푸른 고추인 줄 알고 손으로 더듬거리고 있다. 화자는 이런 아버지의 모습을 연민한다. 과거에는 건장한 가장이었으나, 늙어서는 힘이 빠지고 눈이 나빠져서 사물을 분간하지 못하는 처지의 아버지. 화자는 이런 아버지를 눈앞에서 보면서 대상의 불쌍함과 함께 인생이 무상하다는 자각에 우는 것이다. 화자가 흘리는 눈물을 아버지는 흐린 눈이어서 볼 수가 없다. 오히려 눈이 흐려서 우는 것을 볼 수 없으

므로 다행이라는 역설, 이 역설이 주는 슬픔이 깊다.

「미역국」에서는 어머니가 살신성인의 심상으로 등장한다. 이제는 어머니가 된 화자는 생일날 미역국 대신에 식은 콩나물국을 스스로 챙겨 먹으면서 어머니를 생각한다.

> 늘 진한 국물 우리느라 물컹해진 미역 줄기가
> 자꾸 엄마의 후줄근한 뼈마디 같아
> 손등 같아 축 늘어진 젖 같아
> 애꿎은 콩나물 대가리만 톡톡 씹는다
>
> ―「미역국」 부분

화자가 생일임에도 먹던 미역국을 밀어놓고 콩나물국을 먹는 것은, 물컹한 미역 줄기가 인생을 소진하며 헌신의 삶을 산 어머니를 생각하게 하기 때문일 것이다. 국물을 우려내느라 물컹해진 미역 줄기는 "평생 뜨거운 냄비 속에서 보글보글 끓고 있는" 어머니의 심상이다. 이런 미역 줄기는 후줄근한 뼈마디와 비유되고, 거친 손등이나 늙어서 늘어진 젖으로 비유된다. 화자는 미역국 속에서 "아가, 식으면 맛없다. 언능 묵어"라는 따뜻한 목소리를 환청으로 듣는다.

위에서 인용한 시들 가운데 남편이나 아들, 아버지를 소재로 채택한 시들은 인물들이 현재 행위를 진술하고 있다. 그러나 어머니가 인물로 등장하는 「미역국」은 기억을 불러와서 진술한다. 대부분의 시인들은 기억이나 추억을 시로 쓴다. 이미 누군가 시인을 추억의 사제라고 하였다. 시인은 추억을 팔아먹으며 사는 존재라는 것이다. 「세상에서 가장 시린 별」 역시 먼 어린 시절의 기억을 불러와서 쓰고 있다.

어린 시절 고모의 머리핀이 꽂고 싶었다 리본 위에 별들이 박혀 반
짝이던 막내고모 세상에 반짝이는 것들은 모두 별인 줄 알았던 일
곱 살배기는 예쁜 고모네 다락방엔 분명 별들이 가득할 것 같아 무
작정 조르고 졸라 고모를 따라나섰다 창신동 후미진 골목
―「세상에서 가장 시린 별」 부분

  어른이 된 화자는 거리를 지나다가 좌판에 펼쳐놓고 파는 머리핀을 보면서 어린 시절 고모의 머리핀을 떠올린다. 그러면서 고모와 과거 일화를 생각해낸다. 이 아름다운 "딩동 실로폰 소리가 울려 퍼질 것 같은 별"처럼 반짝거리는 머리핀. 그런데 어린 시절에 고모가 가지고 있는 반짝이는 머리핀을 꽂고 싶었던 화자는 고모가 사는 곳도 반짝이는 별이 있는 곳이라고 생각하여 따라갔다. 그런데 고모가 사는 곳은 별이 반짝이는 아름다운 곳이 아니었다. 다락방이 있었고, 그 다락방에는 아픈 고모부가 누워 있었다. 그 방은 "전염병 같은 고요와 기침만 무섭게 번지"는 곳이었다. 생계를 위해 고모는 다락방 아래서 선술집을 하고 있었던 것이다. 결국 순진한 소녀는 아픈 삶의 현장을 보았고, 성인이 되어서는 그것이 시린 별로 기억되는 것이다.
  고경옥의 시를 읽어가면서 가장 눈에 들어오는 것은 상품화되고 왜곡된 에로티시즘을 아름다운 삶의 가치로 바꾸는 시들이다. 그의 시 가운데 여러 편이 이러한 에로틱한 상상력을 자극하는데, 이를테면 「홍시」에서처럼 "초야의 이불 속에서/물컹/만져지던 놀라움처럼"이라는 표현이 오히려 시 전체를 생동감 있고 아름답게 형상하는 데 기여한다.

아파트 정문 앞 플라타너스 나뭇잎 사이로
빨간 우체통이 서 있다

그 앞을 오가며
아무도 모르게 그 속에다
낙엽이나 꽃잎을 집어넣을 때처럼
남편의 몸속에 쓰윽 손을 넣는 밤이 있다

신기하게도 그때마다
낙엽이나 꽃잎 같은 노래가 흐르는 몸
왜 그 순간 갑자기 편지가 쓰고 싶었던 걸까
분명 속으로만 되뇌었을 뿐인데

벌떡,
남편이 날 하얀 종이처럼 펼쳐놓고
편지를 쓴다

글자가 뜨겁다

—「편지를 쓰다」 전문

밤 아홉 시
욕조는 체온으로 뜨겁다
덩달아 더워진 거울과 시집을 펼치고

반신욕을 하는데
찰카닥 현관문 여는 소리가 들린다
"누구세요?"
퇴근한 남편인 줄 뻔히 알면서도
장난기 섞인 억양으로 참새처럼 묻는다
"당신 불알!"
장난을 받아치려고 좀 세게 말해놓곤
쑥스러워 할 남편을 생각하니
피식 웃음이 나온다

그래, 남편은 늘 환한 불이고 빛이다
언제나 따스하고 모나지 않은 둥근 알이다

컴컴한 욕실 안을 밝혀주던 알전구가
오늘따라 더 붉게 달아오른 채 벗은 나를 내려다본다

그날 밤 일찍 불을 껐다

—「전구」전문

 이 유쾌한 에로를 읽고 가히 입가에 미소를 띠지 않을 사람은 없을 것이다. 이것은 인간의 본성과 마음에 닿으려는 순수한 감정이 만들어낸 시의 극점이다. 누구나 다 가닿고 싶어 하는 이러한 감정을 감추고 말과 글로 왜곡하면 우리의 성은 더 틀어지고 꼬일 뿐이다. 「편지를 쓰다」는 빨간 우체통에서 시 창작 동기가 발아한 시이다. 우체통 구멍에 낙엽이나 꽃잎을 몰래 넣는 행위에서 갑자기 남편의 몸속으로 손을 넣는 행위로 이동한다. 일상의 사물인 우체통에서 남편의 몸으로 상황이 전환되는 변곡의 지점을 만나면서 독자들은 놀랄 것이다. 시의 말미에 이르러 남편이 화자를 "하얀 종이처럼 펼쳐놓고/편지를" 쓰는데, 그 뜨거운 글자가 무엇인지는 독자들은 쉽게 알아차릴 것이다.

「전구」 역시 남편과 대화에서 착안한 것이다. 처음에는 장난삼아 "당신 불알"이라고 했던 말이 후반으로 진술되면서 "그래, 남편은 늘 환한 불이고 빛이다/언제나 따스하고 모나지 않은 둥근 알이다"는 인식에 이른다. 다른 사물을 통해 자아의 성찰과 인식에 이르는 것은 오래된 시 창작 방식이다. 1연 2행의 "욕조는 체온으로 뜨겁다"의 3연에서 "컴컴한 욕실 안을 밝혀주던 알전구가/오늘따라 더 붉게 달아오른 채 벗은 나를 내려다본다"는 분위기, 그리고 "그날 밤 일찍 불을 껐다"는 마지막 처리가 유쾌하다.

「치명적인, 너무나 치명적인」은 '치명'이라는 어휘를 변주하면서 만들어간 가편이다. 자판에 뜨거운 커피를 쏟으면서 일어난 치명적인 현상, 즉 컴퓨터에 입력된 것들이 모두 지워져서 침묵인 상황을, 남편과 만났을 때 치명적인 정신적 상황으로 이동시킨다. 화자도 치명적인 상황이 벌어진 컴퓨터처럼 "건널목 저편에서 푸른 아우라를 뿜으며 걷던 남편에게/뜨겁게 데어/마음 밑바닥으로 곤두박질치던 찰나처럼/모든 게 숨이 멎어 버"린 치명적인 상황이 있었다는 것이다.

동서고금을 막론하고 육체는 예술가들의 창조적 상상력을 끊임없이 자극하는 상징의 샘이었다. 이 육체를 통해 벌이는 성애는 정상적인 인간의 최대 관심사다. 이 최대 관심사를 시가 놓칠 수는 없는 일이다. 인간이 성을 물고 늘어지는 것이 아니라, 성이 인간을 끈질기게 물고 늘어지기 때문이다. 그러나 성은 우리 삶의 아름다움이기도 하고 온갖 추악한 악의 근원이기도 하다. 성은 남녀 서로의 관계를 최종적으로 맺어주기도 하지만 파멸로 이끌기도 한다.* 하지만 고경옥의 시에서 성은 아름다움의 진행과 결과로 형상된다.

 시집의 시 전편을 일관해보면 고경옥이 시를 구성하는 주요 방식은 사물의 상태나 상황을 자신의 감정이나 사건으로 전환시키거나 과거를 연상하는 것이다. 「치명적인, 너무나 치명적인」은 컴퓨터 자판에 뜨거운 커피를 쏟던 상황과 화자가 남편을 처음 만났을 때 상황을, 「전구」는 조명 기구인 전구에서 사람의 불알을, 「편지를 쓰다」는 우체통에서 남편의 몸을, 「세상에서 가장 시린 별」은 머리핀에서 고모를, 「미역국」에서는 여러 번 끓인 흐늘거리는 미역에서 어머니를 연상한다. 이러한 방식은 오래전부터 사용해온 주요한 창작 방식 가운데 하나이면서 아직도 유효한 방식이고 고경옥이 숙련공처럼 잘 다루는 방식이다.

 이렇게 고경옥의 시는 현대사회에서 도외시하고 있는 가정주의의 회복과 상품화된 에로티시즘을 유쾌하게 복원하고 있다. 이 두 가지 주제를 일상 체험에서 포획하여 그 정서적 기능과 윤리적 기능을 충실히 시로 재현하고 형상하는 데 성공하고 있다. 그의 시를 읽어가면서 우리는 시를 읽는 즐거움과 동시에 가족 구성원과 어떻게 관계를 가져가야 할지 되돌아보게 된다.

＊졸저, 『이야기기 있는 시 창작 수업』, 시인동네, 2014.

따뜻한 시선과
서정의 힘 ─성영희 시집,
『섬, 생을 물질하다』
(서정문학, 2014)

1.

　성영희(1963~)는 사물을 청명한 시선으로 바라보며, 다양한 일상을 포획하는 서정의 힘을 가진 시인이다. 그의 시는 소외된 민중의 일화와 흔한 식물의 생태, 인간의 주변에서 식생하는 짐승들과 화음을 이루며 맑고 친숙한 시의 세계를 구축한다. 그리고 도시에 사는 자신과 도시 주변의 일상을 적실하고 친숙하게 시화하고 있다. 이러한 성영희 시를 특징짓는 가장 빼어난 시편들을 고르라면 당연히 「태안, 가을」「사랑」「아름다운 착각」을 중심으로 한 것들일 것이다.
　이러한 수작들은 모두 잘 읽힌다는 특징을 가지고 있다. 성영희 시인의 시들이 잘 읽힌다는 것은, 최근 한국시들이 난해 난잡으로 오리

무중을 헤매며 독자로부터 외면을 받고 있는 형국에서 문단이 관심 있게 바라보아야 할 점들이다. 또 이러한 수작들이 모두 다른 방식으로 형상되고 있다는 측면에서, 성영희의 향후 발전 가능성은 더 많고 지속적임을 확인할 수 있다.

그의 시는 기층 민중과 다량의 동식물 소재, 다양한 형상 방법을 사용하고 있다. 이러한 것들은 한 시인이 갖는 시의 특징을 보여줌과 동시에, 차후에 더 높은 시적 성취 가능성을 열어주는 좋은 증거들이라고 할 수 있다. 세상과 결별하듯이 시의 소재가 일상과 너무 떨어져 있는 것이 현재 한국 시단의 현주소다. 또한 창작자조차도 설명하기 어려운 난해 난잡한 시들을 일방으로 뒤따라가는 것이 강단과 신인들의 추세다. 시인은 이러한 경향에 일정한 거리를 두고 있는데, 이러한 점들이 그의 시의 미덕이 된다고 할 수 있다.

2.

감나무 아래 한 노인, 지팡이에 의지한 채 끔벅끔벅 아래쪽을 보고 있다
울퉁불퉁 밭둑길로 한 할매 총각무 가득 담긴 손수레를 밀며 올라온다, 끙끙 ㄱ자로 온다
지켜보던 이웃 할매 종종걸음으로 달려가 손수레 미는 할매의 엉덩이를 밀고
동네 개들 목청 모아 풍경을 민다
낡은 전축에서 흘러나오는 옛 노래처럼 천천히 아주 천천히 민다

"성님네 총각무 안 심었자녀, 김장혀서 애들 주라구"

할매들 가까스로 평상에 앉았다
개들도 후유, 문턱에 턱을 얹어 게슴츠레 눈을 감았다
까치 한 마리 가지에 앉아 할매들의 얘기를 엿듣는 풍경 위로
감, 오물오물 붉다

—「태안, 가을」전문

한 편의 아름다운 농촌 정경이 풍경화로 그려지는 빼어난 작품이다. 시의 공간은 젊은 사람들을 찾아볼 수 없는 폐사 직전의 현재 한국 농촌 현실이다. 감나무 아래 한 노인이 지팡이에 의지한 채 눈을 끔벅거리며 아래쪽을 바라보고 있다. 지팡이에 몸을 의지하거나 눈을 끔벅거린다는 의태적 진술로 노인이 연로함을 잘 형상하고 있다. 그런 연로한 노인을 향해 조금 젊은 노인이 손수레에 총각무를 싣고 밀고 올라오는 정경이 안쓰럽다. 그 안쓰러운 모습은 노인이 허리가 ㄱ자로 온다는 표현에서 구체성을 더한다.

시인이 시를 책상 위에서나 머리로만 구성하는 것이 아니라는 것은, 시 속에서 한 할머니가 튀어나와 손수레를 미는 할머니의 엉덩이를 민다는 것에서 확연하게 느낄 수 있다. 현장 경험이 아니고는 진술이 불가한 이러한 진술 방식에서 우리는 성영희 시의 심리적 근원적 토대가 농촌임을 알 수 있다. 또 하나 재미있는 것은 동네 개들이 목청을 모아 풍경을 민다는 것이다. 아마 개는 낯선 한 할매가 등장해서 짖었는지도 모른다. 그러나 시인은 이것을 수레를 미느라 끙끙대는 할머니들이 있는 농촌 마을의 풍경을 미는 것으로 진술하는 것이다. 이렇

게 시인은 1연에서 세 명의 할머니와 동네 개들을 따뜻하게 접목시키고 있다. 자리에서 바라보고 있는 할머니와 수레를 미는 할머니 한 명, 수레를 미는 할머니를 미는 할머니 한 명, 그리고 그 풍경을 미는 개들의 행위는 마땅히 "낡은 건축에서 흘러나오는 옛 노래"와 같이 느낄 것이다.

2연은 대화체다. 이 대사를 통하여 시인은 할머니들의 행위 이유와 사투리를 통한 토속성을 적실히 드러낸다. 상대방에게 물건을 받을 것인지 안 받을 것인지 물어보고 행위를 하는 것이 현대 도시적 문명적 인간관계다. 그러나 이 할머니들이 물건을 주고받는 방식은 원시적이고 관습적인 이심전심이다. 노쇠한 노인은 총각무를 안 심었을 것이다. 그리고 총각무를 날라다주는 할머니는 자신의 경우처럼 도시로 나가서 살 것이 분명한 자식들한테 김장을 담가서 주라고 한다. 이 두 할머니의 표층적 대화 이면에 감춰진 심층적 대화는 심리적 관습적으로 내재되어 있는 공동체적 삶의 배려와 인정이다.

3연은 세 할머니들이 사건을 마무리 짓고 평상에 한가하게 앉아 있는 모습이다. 개들도 문턱에 턱을 얹고 한가한 정경이다. 할머니들과 개들, 인간과 동물이 행위의 동일화를 통하여 한가한 농촌의 서정성을 강화하고 있다. 거기다 날짐승인 까치를 등장시켜 할머니들과 개들과 까치의 동적 심상을 구체화하고, 감나무의 붉은 감을 배치하여 공간을 확대하고 색채화하고 입체화시킨다. 현재 한국 농촌 사회의 풍경인 노인만 사는 한가하고 느린 농촌의 서정을 인간과 동물의 동감과 화해를 통해 서정적으로 보여주는 이 시는, 현대인이 잃어버리고 있는 농촌 공동체의 향수를 떠올리게 한다.

성영희의 기층 민중에 대한 따뜻한 연민의 시선은 농촌에만 머물지 않는다. 이를테면 "광명역 2번 출구 도로변 포장마차/세 사내, 이등변 삼각형으로 앉아 있다/누군가 팔을 괼 때마다/테이블 중앙에 놓인 어묵 국물들이 불안하다"(「광명」 부분)며 오래전 이농을 통하여 도시 주변에서 사는 민중들의 균열된 중심을 여러 가지 방식으로 포착한다.

3.

어느 겨울밤, 비좁은 방안에 옹기종기 잠이 들었다
새벽녘이었을까
생솔가지 타는 냄새에 잠이 깨어 마루에 놓인 요강에 앉아 있을 때였다
부엌에서 도란도란 이야기 소리가 들리는 것이었다
살금살금 일광문 사이로 들여다보는데,

"보슈, 애들 깨기 전에 언능유. 그란디 지가 그리 좋남유"
"… 말허믄 뭣혀"

다다닥 다다닥 아궁이속 생솔가지 불꽃 튀며 타오르고 있었다.
— 「사랑」 전문

유년기 화자의 관음 경험을 형상화한 이 시는 대화적 방식을 통한 토속적 에로티시즘으로 재미를 준다. 시가 재미를 잃어버린 시대에 시에 재미를 주는 방식은 매우 의미가 크다. 필자는 현대시의 지루하고 난해한 방법적 관성을 균열시켜, 시가 좀 재미있게 독자의 관심을 끌

어보자는 '독자 꼬시기' 전략으로 재미시론을 제안한 적이 있다.* 이것은 문학의 유희 정신을 되살려보자는 것이기도 하지만, 시가 읽히지 않는 시의 위기론에 대한 해법적 제안이기도 하였다.

성영희가 「사랑」을 통하여 구체적으로 보여주는 것과 같이 문학에서 재미의 문제는 어제오늘의 문제가 아니다. 재미의 전통은 이미 우리의 구비문학이나 연희문학에서는 물론이고 민요와 한시 등 전통 시가와 현대시에도 빈번하게 발견된다. 이렇게 재미를 획득한 작품은 그렇지 않은 작품에 비하여 독자의 관심 속에서 살아남아 오랫동안 전승되고 있으며, 전승될 것이 분명하다. 재미의 방법은 단순한 말놀이에서 시작하여 외설과 욕설, 성영희의 시에서 보여주듯 토속어의 사용 등 헤아릴 수가 없으며, 시인은 이러한 표현을 통하여 정직한 인간의 마음을 절실하게 드러내고 있다.

에로티시즘은 독자의 관심과 호기심을 끌게 하는 예술의 제재로 많이 사용된다. 성영희 시에서 에로티시즘은 대중화된 에로티시즘이 아니라 우리에게 잊힌 토속적 에로티시즘이다. 시인은 성의 감정적 측면에서 벗어나 감각적 측면으로 성을 형상하여 예술화하는데, 인간의 본연적 본능인 성을 토속적 에로티시즘으로 승화시킨다. 에로티시즘은 인간의 정신을 순화하고 청결하게 만드는 것이며, 인간 정신의 정상에 위치한다(조르주 바타유).

재미의 전략은 시쓰기에 재미를 의식하고 당대 시들에서 보이는 상투적 표현과 내용들로부터 전략적으로 도망치는 방법이다. 성영희 역시 토속적 에로티시즘을 끌어오면서 당대의 지루한 내용 형식과 표현

---

* 공광규 시집, 「양생의 시학」, 『말똥 한 덩이』, 실천문학사, 2008.

형식을 방법적으로 뒤집고 있다.

성영희 시집에서 시를 재미있게 구성한 문장들을 여러 곳에서 만날 수 있는데, 다음 시 "줄장미 외출하는 아파트 담장 아래/여자애 둘과 남자아이 한 명/떨어진 꽃잎 모아 소꿉장난을 한다/우리 마트놀이하자, 넌 아빠 해 내가 엄마 할게/그럼 난?/넌 기다려 내가 다 놀면 너 줄게//던져놓은 책가방에서 또르르/굴러 나온 연필로 사각사각 낙서를 하던 여자아이/후다닥 일어나 책가방 챙겨들며/흥, 내가 두 아내니 기다리게…"(「어떤 장난」 전문)는 어린아이들의 천진한 놀이를 대화적 어법으로 구성하여 웃음을 자아내게 한다.

4.

외출에서 돌아와 보니
장롱 위 뽀얗게 먼지 앉았던 기타가 내려져 있다
누가 닦아놓았는지 반짝 윤기마저 흐르는 것이
얼핏 보면 새것 같다
신혼 초 기타를 좋아하던 남편에게 선물한 것이었는데
오랫동안 선율을 들은 적이 없다
요즘 부쩍, 동창회니 친구 찾기니 인터넷을 뒤지던 남편이
추억을 헤아리는 것이리라
새로운 마음에 튕겨보는데 줄 하나가 없다
다음날
기타 소리가 들려 따라가 보니 아들 방이다
신혼 밤을 감미롭게 적셔주던 wonderful tonight

잠시 흐름이 멈추기도 하지만 분명 그 곡이다
나지막이 노래 소리도 들린다
살그머니 문을 여니
기다렸다는 듯 생긋 윙크하는 기타리스트
세월이 이십 년을 거꾸로 되돌린 것인지
꿈을 꾼 것인지 허벅지 꼬집어보는 밤

—「아름다운 착각」 전문

 경쟁과 돈 중심의 자본주의 체제에서 가장인 남편은 자아실현과 자기 충실이 어렵다. 물론 남편뿐만이 아니다. 우리나라 직장인들은 대부분 우울증에 걸려 있으며, 자아실현보다는 먹고살기 위해 직장에 다니는 것으로 통계들이 보여주고 있다. 우울증의 원인은 언제 직장에서 해고가 될지 모르는 고용 불안 때문이며, 먹고살기 위해 다녀야 하는 직장은 실업이 곧 빈곤으로 이어지고, 끝내는 온 식구가 굶고 가족이 해체되어야 하는 국가복지와 사회안전망의 허술함 때문이다.
 그래도 회사에 나가야 하는 한국의 직장인들은 거의 출근증후군에 걸려 있다. 회사의 경영 윤리도 형편없어서 임금이 높아지는 나이가 되면, 실제로 가장 숙련된 노동자임에도 여러 가지 방식으로 조기퇴직을 당해야 한다. 실제로는 임금이 많아지는 나이가 되면, 나이가 많다는 이유로 강제 퇴직을 당하는 경우가 부지기수다. 이러한 사회 여건에서 직장인들의 자아실현이라는 것은 거의 불가능할 것이다.
 시에서 화자의 남편도 마찬가지이다. 젊어서는 기타를 치는 등 낭만을 구가하였고, 신혼 초에도 그것이 가능할 듯이 보였지만 아이가 생기고 가계를 책임져야 하는 현실이 되면서 기타를 치는 여유조차 포기해야 하는 형편이었다. 기타는 신혼초의 그대로 새것일 뿐이다. 결혼 전후 취미를 다시 찾아보기란 매우 어렵다. 그것은 직장인들의 꿈일지도 모른다. 이 시에서 화자 역시 자신의 남편이 치는 기타 소리를 듣고 "꿈을 꾼 것인지 허벅지를 꼬집어보"고 있다.

성영희 시가 보여주는 이러한 이야기는 한 가정의 남편뿐이 아니라 자본주의사회에 편입된 남편들의 보편적 이야기다. 시인의 이러한 보편성 획득이 독자의 공감을 자아내어 설득력을 갖게 한다. 이 시편이 성공하고 있는 이유도 바로 이러한 개인의 특수한 상황을 보편화하고 있기 때문이다.

성영희는 다른 시에서 내국인의 일상과 노동은 물론 외국인 노동자에게까지 시선을 던지고 있다. "간식 시간 허비하고 하늘 몇 번 기웃대던/필리핀 노동자/크롬산 약품에 취했는지 두고 온 처자식이 걸렸는지/어깨가 들썩인다./보름달은 망할 놈의 빵이다"(「빵」 부분)라며 외국인 이주 노동자의 슬픔을 적실하게 형상하고 있다.

5.

성영희는 위 시편들이 보여주듯 다양한 소재의 채취와 진술 방식을 통하여 시의 개성을 보여준다. 이러한 시인의 특징을 몇 가지로 요약하면 따뜻하고 본원적 시골 풍경의 묘사에서 도시 주변부의 민중 일상으로 확산, 토속적 어휘 사용과 대화체를 통한 재미있는 시의 구성, 도시 노동자의 일상을 따뜻하고 연민 어린 시선으로 바라본다는 것이다. 이런 의미에서 우리는 성영희의 시들이 시의 제재가 일상에서 멀어지고, 잘 읽히지 않는 시를 쓰는 우리 현재의 시단에 서정과 재미를 회복하는 데 기여하고 있다는 의미를 인정해야 할 것이다.

전편의 시를 통하여 대상을 따뜻한 서정적 정조로 포획하는 개성을 지닌 시인은 다른 시편들에서도 개성적인 표현을 통하여 재능을 한껏 발휘하고 있다.

예를 들면 "조개를 캐러 나간 것이 물마중이다/(…중략…)/발가락 사이를 간질이는 바다의 속살,/달랑게일까 아주 작은 생명 하나가 야금야금/내 발등을 읽고 있다"(「바다를 베끼다」 부분)라거나 "삼정빌라 옥상 위 물탱크를 넘던 해님/넘다 말고 돌아와 서터를 누른다"(「기막힌 동행」 부분), 아마 시골에서 보내온 마늘을 "보일러실 옆 후미진 구석/낡은 그물망에 사방으로 싹이 돋았다/여러 갈래로 솟아난 것이 꼭/장에서 돌아오신 어머니 보따리 같다"(「봄 편지」 부분)라고 표현하는 것들이다.

이러한 서정적 표현들의 화음이 성영희 시집을 읽는 독자들의 마음을 아름답고 행복하게 수놓기를 기대한다.

시조의 미적 갱신과 현재화 — 박명숙·문순자·우은숙 강현덕의 시조

1.

지난 2011년 4월 한국작가회의 이사회에서 시조분과 설립이 통과되어, 수년 동안 이어진 시조분과 신설에 대한 설왕설래를 마무리하였다. 이를 기하여 『한국작가회의 회보』(제67호)에서는 '시조분과에서 보내는 메시지'를 실었는데, 현재 한국 시조단에서 활동하는 대표적 시인들이 참여하였다. 이들은 시조분과와 시조에 대한 짧은 소견들을 피력했다. 평론가이자 시조를 직접 창작하는 구중서는 "'좋은 언어'로 민족문학의 정수답게 빛을 발해주기를 기대한다."고 하였으며, 윤금초는 "시조의 역사가 유구함에 비해 문단 전체적으로 시조에 대한 관심과 대우가 소홀했음을 느낀다."고 하고, "시조는 시인의 수와 질적인 면에서 많은 성장을 이루었다고" 하였다. 박기섭은 "'민족문학'이라는 말을 쓰면서 어째서 '민족시'에 대한 관심은 그렇게 소홀할 수 있을까" 반문하고, "한국 문단에서 시조의 정체성은 과연 무엇이며, 또 그 진정성은 어디에 있는가. 그것을 찾고 밝히는 일이 우선이다."라고 하였다. 시조에 대한 이러한 현재적 기대와 반성, 그리고 과제가 산적한 시점에서 네 여성의 시조를 만나는 기쁨을 가졌다. 하여튼 이들 네 여성 시조 시인은 서로 다른 창작 기법을 구사한다. 이를 방법의 개성으로 봐도 되겠다. 시인들은 이렇게 개성적 방법을 통해 자신의 세계를 확장하고 독자와의 공감 폭을 넓힌다.

2.

박명숙(1956~)의 시조는 행의 배열을 변화시켜 외형적으로 낯설기를 시도하는 것이 특징이다. 박명숙에게서는 전통적 외형을 고수하고 있는 작품보다 행을 변화시킨 작품들이 오히려 시적 긴장이 높다. 이러한 변화 의도는 낯설기를 통한 독자의 관심 불러일으키기다. 아주 오래된 민족 형식으로 민족 집단이 오랫동안 읽고 읊어온, 그래서 조금은 지루해진 제재와 형식들이 그만그만할 바에야 이렇게 외형의 변화를 통해 독자의 눈을 끄는 것도 한 방편일 것이다. 이것은 창작자가 오래된 형식에 답답함을 느낀 나머지 갖게 되는 일탈 욕구일 가능성도 있다. 이미 김소월이 "나 보기가 역겨워/가실 때에는/말없이 고이 보내 드리우리다"라며 7.5조 율격에 갇힌 민요 형식을 행 바꾸기만을 통해서 자유시로 변화를 시도했던 것처럼 박명숙 역시 행 바꾸기를 통해 새로운 형식을 만들어보려는 욕구가 발현한 것일지 모른다.

　한편, 당신 이름은 언제든 '홀딱 벗고'이다

　이맘때쯤 샛길 몰래
　잔바람 기어들어도

　무성히
　껴입은 외로움
　그만, 홀딱 벗는다

　홀딱 벗고, 네 박자로 다급하게 울음 운다

　된비알 높은 목청
　무시로 무너뜨리며

　귀먹은
　열두 폭 청산
　홀딱 벗고, 달아난다

―「검은등뻐꾸기」 전문

　물론 이러한 시도는 박명숙만 하고 있는 것이 아니다. 위 시조는 검은등뻐꾸기를 대상화하여 형상하고 있다. 우선 새 이름과 첫 연을 읽어가면서 '홀딱 벗고'라는 새 울음소리를 의성하여 독자의 관심을 집중시킨다. 검은등뻐꾸기는 높은 나무에서 망을 보다가 때까치나 멧새가 둥지를 비우면 슬쩍 알을 낳고 도망간다는 새다. 그래서 남의 둥지에서 부화하는 이 새는 집주인의 알이나 새끼들을 둥지 밖으로 밀어내고 혼자 남아서 의붓어미 덩치보다 더 커질 때까지 먹이를 받아먹다가 줄행랑을 놓는 것으로 알려져 있다. 이 새의 동물학적 특성은 시조에서 인간을 풍유하기 아주 좋은 소재다. 창작자의 감정이입이 "외로움"으로 나타나며, 심리적 자아는 그 외로운 감정을 이 새를 통해 홀딱 벗는다. 이 시조의 백미는 마지막 6연에 나타난다. 검은등뻐꾸기가 "귀먹은/열두 폭 청산/홀딱 벗고, 달아난다"는 해방감이 시원하고 통쾌하다. 물론 새가 날아가면서 버린 것은 청산만이 아닐 것이다.

귀뚜라미가 돌아왔다
못갖춘마디로 운다

허물 벗은 첫 소절이 물먹은 어둠을 파고든다

낯익은
울음을 만날 때도
모노드라마로 운다

가슴에 목젖을 묻고
초사흘 달처럼 운다

덜 여문 곡절들이 풀씨보다 쌉싸름하다

가다가
낯선 울음 채이면
귀청을 딸각, 끄기도 한다

　　　　　　　　　　—「처서」 전문

이 시는 여름이 지나고 신선한 가을이 와서 모기의 입이 삐뚤어진다는 처서를 시간적 배경으로 하고 있다. 24절기 가운데 하나인 처서는 여름이 지나 더위가 한풀 꺾이고 선선한 가을을 맞이하게 된다는 절기로 양력 8월 23일경이다. 이때 울기 시작하는 귀뚜라미는 못갖춘마디로 울거나, 모노드라마나 초사흘 달처럼 울음을 변주하기도 한다. 울음은 덜 여문 처서의 풀씨들과 비유되기도 한다. 마지막 연에서는 낯선 울음에 "귀청을 딸각" 끈다는 감각이 살아나 처서의 풍경을 환기시킨다.

더하여 박명숙은 「사랑 짜기」처럼 고전에서 소재를 가져와 사랑을 형상하거나 "풋잠과 풋잠 사이 핀을 뽑듯, 달이 졌다"(「초저녁」 부분)라고 감각화하거나, "오장육부/활처럼 끌어안고"(「여름 우포」 부분)나 "엄마를 받아 안고/북망은 만삭인데"(「엄마 생각」 부분)처럼 적절한 비유로 시를 형상한다. 그의 시조 가운데 「그해 입동」은 "수인선 협궤열차 열세시 반 차표 한 장/대합실 휑한 속을 갈바람만 뒹굴었던가/개찰구 문이 열리자 내 오후도 개찰되었다"라며 전통적 시조 형식으로 건축한 수작이다.

3.

　문순자는 시골의 일상을 소재로 다루지만 시의 내용이 지루하거나 고루하지 않다. 시골의 회고적 삶이 아니라 현대 시골의 현재적 삶이기 때문이다. 아니다, 문순자가 써내는 시의 신선함은 소재의 현재성이 아니라 방법의 신선함 때문이다. 그의 주요 방법은 반전이다. 반전은 기대 배반이다. 독자의 기대를 배반하여 놀라움과 충격을 준다. 그렇게 하여 작품을 인상 깊게 한다. 놀라움은 만성화된 감각을 자극하여 쾌감을 주게 되며, 쾌감은 시의 주된 효용 가운데 하나이다. 문순자의 주요 반전 구조는 부정에서 긍정 의미로 전변시키는 것인데, 이런 극적 효과를 적절히 통제하면서 독자들이 시에 몰입하게 한다.

송구하고
송구한 건
하늘도 마찬가지

거저 줘도 안 뽑아가는
천여 평 월동 무밭

여태껏
못 갈아엎고
누리느니,
이 호사!

―「무꽃」 전문

의미의 전복이다. 1연의 "송구"는 부정어다. 부정어의 반복을 통해 "송구"하다는 의미를 강조한다. 그 송구함의 크기는 하늘을 비유하여 매우 크다는 것을 강조한다. 부정의 의미는 2연에 배치된다. 부정의 사유를 나중에 배치하는 이러한 계산도 시인의 전략이고 능력이다. 2연 역시 부정의 의미다. 그야말로 사람들에게 거저 뽑아가라고 해도 뽑아가지 않는 버려진 월동 무밭이다. 수요 예측을 잘못하여 시세가 폭락하면서 버려지는 무밭은 대개가 갈아엎고 다른 것을 심는다. 그러나 3연에 와서는 경작자가 너무 실망이 큰 나머지 갈아엎는 것마저도 포기한 상황이다. 이 실패한 무밭을 갈아엎지 못하는 상황까지 몰고 간 농민의 실망감. 그러나 1, 2연과 3연 1, 2음보까지 축적된 부정의 의미는 3연 3, 4음보에서 "누리느니,/이 호사!"라는 반전을 통해 긍정의 의미로 폭발한다. 오히려 갈아엎어지고 버려지지 않아서 나중에 무꽃을 피우는 호사를 누린다는 것이다. 무값이 폭락하지 않았더라면 무는 이미 뽑혀서 시장으로 팔려가 일생에 무꽃을 피울 기회를 얻지 못했을 것이다. 사람도 마찬가지일지 모른다. 아무도 쳐다보지 않는 늦된 사람이 나중에 무꽃을 피우는 호사를 누릴지 누가 아는가.

「왼손도 손이다」도 마찬가지로 반전의 구조를 가지고 있다. 농부병이라는 것이 있다. 열악한 시골 환경에서 구부리고 쭈그러서 힘든 일을 지속적으로 하다가보면 걸리는 골병이다. 주로 뼈와 관절에 오는 퇴행성 근골격계 질환이다. 힘든 농사일을 계속하는 농민들이 걸리는 한국 농촌의 구조적 질병이다. 화자는 농사일로 농부병에 걸려 병원에

갔는데, 의사는 무슨 "운동"을 하느냐고 묻고, 병명을 "테니스 앤 골프 엘보"라고 붙인다. 노동과 운동의 대조, 농부병과 테니스 앤 골프 엘보의 대조를 통해 농촌과 도시의 위화감을 희화화한다. 희화화에는 창작자의 풍자와 냉소가 들어 있다. 그러나 시는 이것으로 끝나지 않고, 아픈 오른손 대신 왼손을 사용하면서 깨닫는다. "심봤다!/너 왼손아" 하고. "반세기" 동안 무관심했던 왼손의 쓸모를 인식한 것이다.

「여자」 역시 반전 기법을 사용한다. 이 시의 주인공은 화자의 어머니이다. 1연 1행 "지구에 오래 살면 저렇듯 둥글어질까"는 어머니 몸의 비유이다. 어머니는 지난한 현대사 속에서 두 번의 결혼을 했다. 첫 남자는 일본제국주의 침략 때 징용으로 끌려가서 돌아오지 않았고, 두 번째 남자는 제주 4.3사건에서 죽었다. 이런 곡절 있는 삶을 살아온 어머니는 "소금밭을 일구던 여자"이다. 자연히 소금밭에서 몸을 구부리고 일을 해야 하니 "절에 가지 않아도 온몸으로 절을" 하는 모습이다. "체념도 용서도 아닌/하늘"의 운명에 순종하는 모습이다. 이러한 지난한 삶을 살아온 어머니의 인생은 눈부신 천일염으로 마무리된다. "눈부시다 천일염"이라는 대 긍정의 폭발로.

「잔치」에서도 반전의 미학을 충실히 발현하고 있다. 퇴직 후에 농촌에 귀향한 주인공이 참깨씨를 뿌리는 날에 참깨씨를 먹으러 오는 까치, 참새, 휘파람새, 멧비둘기들을 쫓으면서 일어난 일화를 재미있고 활달하게 표현하고 있다. 결국은 이들의 숨 가쁜 '전쟁'은 "잔치, 잔치 벌렸네"라는 긍정의 의미로 끝난다. 인간과 날짐승과 다툼은 서로가 서로를 생명으로 인정하는 활달한 생명의 잔치인 것이다.

「지구를 찾다」 1연 후미에서는 "아파트 옥상에 서면/대낮에도 별이 뜬다"고 의외성을 준 뒤, "수성빌라 금성빌라 화성빌라 목성빌라" 등의 빌라 이름을 열거하면서 웃음을 유발한다. 일종의 희언이다. 「내 사랑의 수압」에서는 "추카추카 추카추카 스프링클러 돌아간다/가을 타는 내 사랑도 수압이 낮아졌는지/중산간 밤이 깊어야 제대로 물이 돈다"로 파자를 통한 의성 희언과 은근한 성적 비유를 채택하고 있다. 「지렁이똥」에서는 "소보록 똥무더기도 갓 피어난 산두릅 같다"며 "똥무더기"라는 부정적 어휘를 "산두릅"이라는 어휘로 바꾸면서 긍정적 비유를 하고 있다.

신작 「무꽃」 「왼손도 손이다」 「여자」 「잔치」는 문순자가 기존에 발표한 「지구를 찾다」 「내 사랑의 수압」 「지렁이똥」과 다르게 반전이 활달하게 나타난다. 표현의 명징성과 문장의 논리성도 훨씬 강화된다. 이는 문순자의 창작 방법 변모와 시적 성취가 나날이 새로워지고 있다는 것을 반증하는 것이다.

4.

문순자가 반전 구조를 주로 활용한다면 우은숙(1961~)은 전통적인 비유를 지배적으로 활용한다. 우은숙의 비유는 단백미가 있다. 이러한 단백미를 우은숙의 개성으로 봐도 되겠다. 비유는 아주 오래된 시의 중요한 요건이다. 인생을 사물에 비유하거나 사물을 보고 인생을 연상하는 것이 시의 오랜 습속인데, 결국 시인은 인생과 사물 간의 동일성을 찾아내는 발견자가 아닐까 하는 생각이 든다. 시의 독자 역시 시인이 창조한 동일성을 찾아내는 재미 때문에 꾸준히 시를 읽는 것이라는 생각이다.

그는 시 「철새」에서 줄지어 이동하는 새의 무리를 "손짓하는 점호 행렬"로 비유하고, "휘갈기듯 써내려간/수취인 불명 엽서"로 비유한다. 시는 이처럼 대상을 다른 유사한 사물로 대체하면서 일어나는 즐거움을 맛보는 것이다. 철새의 이동을 "눈물자국 핀/아득한 꽃길 순례"라고 표현한 역설의 맛도 즐겁다.
「7번 국도」를 읽어가면서 비유를 찾아가는 재미도 놓칠 수 없다.

뭉개지고 나서야
비로소 길이 된다
낮게낮게 겹쳐져
절룩이며 이은 길
바람의
느낌표 밝은
경북 영덕 그 어디쯤

언뜻언뜻 내비치는
바다를 만지다가
스스로 어둠 택해
작은 빛이 되는 길
덧칠한
묵은 상처도
길 위에서 길이 된다

—「7번 국도」 전문

그렇다. 길은 삽과 곡괭이와 포클레인으로 "뭉개지고 나서야/비로

소 길이" 되는 것처럼, 사람도 모서리가 "뭉개지고 나서야" 비로소 사람이 된다. 뭉개진다는 것과 길이 된다는 것은 부정어와 긍정어의 대립이다. 시 문장 앞에 부정어를 놓고 뒤에 긍정어를 놓으면 의미가 반전되면서 독자를 충격에 빠트린다. 감동의 파장 역시 클 수밖에 없다. 비유에 노련한 우은숙은 이러한 원리를 잘 알고 있다. 시인은 1연에서 1행과 2행을 부정어와 긍정어로 대립시킨 뒤에 1연의 중장과 종장을 부정 의미와 긍정 의미로 대립을 시킨다. 2연의 중장과 종장 역시 마찬가지로 어둠과 빛, 상처와 길을 대립시키면서 의미의 진폭을 크게 한다. 길이 만들어지는 원리는 사람이 성숙해지는 원리와 같다. 그러니 이 시는 당연히 인생의 비유다.

 그러나 어떤 기이한 수법이든 도식성으로 떨어질 때 독자는 지겨움을 느낀다. 그래서 우은숙은 위 시의 방법을 반복하지 않는다. 「가난한 축제」는 인용의 방법이다.

> 우리 동네 과수원에 봄마다 피는 배꽃
> 올해도 어김없이 허리 휠 듯 피었는데
> 고딕체
>
> **영농금지**가
> 개발구역을 통보한다
>
>   —「가난한 축제」 부분

 팻말인 "영농금지"를 고딕체로 가져다가 인용함으로써 어떤 현대성, 개발 중심의 문명 비판을 암시한다. 그러나 여기서 끝나는 것은 아니다. 상황을 내면화한다. 화자는 배꽃이 피는 과수원이 개발구역이 되자, 배나무를 자신의 "몸 구석"에 옮겨 심고 "사내아이"가 "배꽃으로 들어온다"고 말한다. 현재하는 실재의 세계에서 환영의 세계로 이동한다.

「빈집―이중섭의 옛집」은 비어 있는 집의 무생명성과 정적에 생명과 역동성을 부여하고 있다. 종장의 "바람이 거미줄 당겨 소 한 마리 끌고 간다"는 과장법이고 대조법인데, 가는 거미줄과 덩치가 큰 소를 대조하면서 시의 진폭을 확장시킨다. 거미줄이 소를 끌고 간다는 것은 가능하지 않지만, 이중섭의 그림 가운데 대표작인 〈소〉를 연상하면 시가 쉽게 풀린다. 거기다가 〈소〉에 나타나는 붓 터치의 역동성이 "먼지만 숨쉬는" 조용한 빈집과 대조되면서 공간의 진폭이 더 커진다. 이러한 진폭의 크기는 감동의 크기와 비례한다.

「초사흘 달」은 보름이 되기 전에 점점 커지기 시작하는 상현달에 "어둔 곳을 한사코 뒤집어보겠다"며 달의 형상에 화자의 심리를 투입시키고 있다. 이러한 상현달의 모습은 "허공에 행적들이 판화로 남"는 심상을 형성하고, "3월의 솔기에 돋는/귀 닳은 초사흘 달"로 형상된다. 대상 사물에 화자의 심리를 투영하고, 그것을 다시 심상으로 전환하는 기법을 사용하고 있다.

「정선아리랑」은 노래를 꽃잎과 폭포로 직유하고, 노래의 정한을 "강밑바닥 물청때 밀봉 풀고 건진 소리"로 은유한다. 「정선아리랑」의 방법과 음지와 하류의 부정어, 완곡한 곡선의 미학을 형상한 「휘어짐에 대하여」는 화법이 유사하다. 「휘어짐에 대하여」의 주제는 다음 2연에 집약된다.

직선의 화살 피해 여유로 물든 마음

굽은 길 휘적휘적 몸까지 따라 휠 쯤

속엣말 매듭 풀면서 퍼 올리는 심장 소리

—「휘어짐에 대하여」부분

5.

강현덕(1960~)의 「길」은 명창이다. 명창은 발상에서 시작된다. 옛집이 헐리고 길이 되었는데, 집에 살던 나도 길이 되었다고 한다. 신묘한 작품이다.

길이 새로 나면서 옛집도 길이 되었다

햇살 잘 들던 내 방으로 버스가 지나가고

채송화 붙어 피던 담 신호등이 기대 서 있다

옛집에 살던 나는 덩달아 길이 되었다

내 위로 아이들이 자전거를 끌며 가고

시간도 그 뒤를 따라 힘찬 페달을 돌린다

—「길」전문

이 시는 전통적인 동양의 시법인 전경후정의 원리를 창작 기법으로 한다. 전반 1~3행은 경물인 대상을 묘사한 것이고, 후반 4~6행은 경물에 창작자의 정서를 담고 있다. 전반부에서는 길이 새로 나면서 옛집은 길로 변하고, 화자가 살던 방은 버스가 지나고, 채송화가 붙어서 피던 담은 신호등이 서 있는 것으로 바뀌었다는 정보를 준다. 이 정보가 사실이든 아니든 상관없이 창작자는 옛집/길, 내 방/버스 지나는 길, 채송화 피던 담/신호등 서 있는 자리로 대응시키고 있다. 대응시키는 방식도 대칭이 된다. 노련한 창작자의 계산이다. 대칭은 미적 효과를 준다. 사람이 좌우 대칭이 아니라면, 날짐승 길짐승이 좌우 대칭이 아니라면, 나비가 좌우 대칭이 아니라면 얼마나 혐오감을 줄 것인가. 이 시 전반과 후반도 전경/후정의 원리로 비례 대칭된다. 이 시의 핵심 요지는 4행에 나타난다. 옛집이 헐려서 길이 되자, 옛집에 살던 나도 덩달아 길이 되었다는, 물아일체의 동일화 원리가 이 시를 시답게 한다. 이곳이 창작자의 상상력이 발휘되는 지점이다. 이제 "내 위로 아이들이 자전거를 끌"고 가고 "시간도 그 뒤를 따라"간다는 지점에서 와서야 시의 묘미는 더 드러난다.

그의 다른 시 「풀어 놓는다」 역시 인생의 원리를 어린아이의 바이올린 현에 비유하고 있다.

나를 풀어놓는다
탱탱한 이 줄을

어제는 풀지 않아
오늘 더 감아야 했다

아이의 바이올린도

현 하나가 그리 터졌다

—「풀어 놓는다」 전문

세상살이라는 게 외줄타기와 같아서 늘 긴장하지 않으면 안 된다. 그 긴장을 푸는 순간 삶은 순식간에 줄에서 떨어져 회복하기 어려운 인생의 파경을 맞을 수 있다. 그러나 긴장이 계속된다면 피로가 와서 인생의 줄은 끊어지고 말 것이다. 그래서 평상시에는 느슨한 태도를 유지하고 있어야 삶의 전면전에서 줄을 조여 팽팽한 대결을 할 수가 있다. 이런 인생의 원리는 악기의 현과 같다. 일상의 줄을 풀지 않고 지나온 어제 같은 경우는 오늘 더 감아야 삶의 전면전에 나설 수 있다. 창작자는 이러한 일상의 원리를 터진 바이올린 현에 비유하고 있다.

훤칠한 건물들이 쏟아낸 낮 열두 시

푸를 지경의 흰 셔츠 빛나는 사원증 행렬

갑자기 부산스러워진 신사동 가로수길

거기는 먹을 만해?

점심특선 메뉴 있나?

당당한 위장들의 한 옥타브 올린 말들

삽시간 둥둥 떠오르는 신사동 낮 열두 시

—「신사동 낮 열두 시」 전문

우리 시조의 취약성 가운데 하나가 현대 도시성의 수용이다. 이 시는 우리 시조의 이러한 취약성을 보완하고 있다. 창작자는 현대 도시인 신사동에서 일어나는 열두 시 풍경을 묘사하고 있다. 키가 훤칠한 현대 건물과 그 건물에서 흰 셔츠를 입고 쏟아져나오는 사무직 노동자들의 대열이 사원증의 행렬로 대유된다. 노동 통제에 갇혀 있다가 점심시간이 되자 건물에서 나와 점심 메뉴를 찾는 부산한 풍경을 적실하게 형상하고 있다.

6.

시조는 "한국시의 종가"이며 우리 "민족문학의 정수"(오종문)다. 그럼에도 "문학 예술인은 물론 일반 독자도 현대시조에 친근"(김일연)감을 갖고 있다고 하기는 어렵다. 이런 지점에서라도 김일연이 말한 시조의 역할과 과제가 부여되는데, 그 역할과 과제 수행의 선두에 박명숙·문순자·우은숙·강현덕이 놓여 있다.

박명숙은 전통적이고 안정된 형식에서 시조 쓰기를 출발하였으나, 지금은 외형상 길을 달리하여 자유시에 가까운 변화를 시도하면서 풍경과 기억, 그리고 관념을 형상하고 있다. 문순자와 우은숙은 방법은 다르지만 각자 그들만의 개성적인 방식으로 자아를 확장하고 독자와 공감의 폭을 넓혀가고 있다. 문순자가 폭발적인 반전 구조를 활용하여 독자에게 쾌감을 준다면, 우은숙은 전통적인 비유를 활용하여 독자에게 비유를 해독하는 재미를 주고 있다. 문순자가 주로 채취하는 소재는 낙향한 시골의 일상 소재이나 전복의 기법을 적절히 활용하면서 생생한 현재성을 부여하여 시골 소재 시들이 갖기 쉬운 회고담류의 지루함과 고루함을 일거에 척결하고 있다. 그러나 우은숙은 다양한 소재를 시의 대상으로 삼아 인생의 원리와 사물 간의 동일성을 담백한 비유로 처리하면서, 우리 시 형식의 전통을 심화하는 데 공헌하고 있다.

강현덕이 구사하는 창작 방식은 다양하다. 이런 다양한 방식들이 한 편 한 편 수작을 만들어낸다. 강현덕의 시는 소재 채취와 주제 구성 방식이 모두 다르면서도 거의 일관된 시적 성공을 거두고 있다. 그만큼 강현덕의 시조를 읽는 즐거움도 남다를 수밖에 없다. 네 여성 시조 시인 모두 "치열한 자기 갱신"과 "미적 개진"(정수자)을 통하여 우리 고유의 시가 형식인 시조를 창조적으로 계승하고 있으며 미적 갱신과 현재화에 앞장서고 있다.

이 도서의 국립중앙도서관 출판시도서목록(CIP)은 서지정보유통지원시스템 홈페이지
(http://seoji.nl.go.kr)와 국가자료공동목록시스템(http://www.nl.go.kr/kolisnet)에서
이용하실 수 있습니다. (CIP제어번호: CIP2015012218)

시인동네 평론선 · 공광규 평론집
여성 시 읽기의 행복
ⓒ 공광규

초판 1쇄 인쇄 2015년 6월 24일
초판 1쇄 발행 2015년 6월 29일
    지은이 공광규
    펴낸이 김석봉
  책임편집 이현호
    디자인 조동욱
    펴낸곳 문학의전당
  출판등록 제311-2012-000043호
      주소 서울시 은평구 연서로11길 7-5 401호
    편집실 서울시 마포구 마포대로 127, 413호(공덕동, 풍림VIP빌딩)
      전화 02-852-1977
      팩스 02-852-1978
     블로그 http://blog.naver.com/mhjd2003
   전자우편 sbpoem@naver.com

      ISBN 979-11-86091-30-2 03810

* 이 책의 판권은 지은이와 문학의전당에 있습니다.
* 양측의 서면 동의 없는 무단 전재 및 복제를 금합니다.
* 잘못 만들어진 책은 바꿔드립니다.